AF473329

ÉTAT DES FINANCES ET DES RESSOURCES DE LA RÉPUBLIQUE FRANÇAISE,

AU 1er JANVIER, 1796.

PAR M. D'IVERNOIS.

POUR FAIRE SUITE AU *COUP-D'OEIL SUR LES ASSIGNATS*, ET AUX *RÉFLEXIONS SUR LA GUERRE*.

LONDRES:

DE L'IMPRIMERIE DE W. & C. SPILSBURY.

Se vend chez P. ELMSLEY, Strand; J. DEBRETT, Piccadilly; J. De BOFFE, Gerard-Street, Soho; J. SEWELL, Cornhill; & chez les principaux Libraires.

25 JANVIER, 1796.

ÉTAT

DES FINANCES ET DES RESSOURCES

DE LA

RÉPUBLIQUE FRANÇAISE,

AU 1er JANVIER, 1796.

A PEINE avais-je achevé sur les assignats le travail où j'annonçais leur catastrophe comme prochaine, que j'apprends que cette catastrophe est déjà arrivée ; & qu'afin de colorer les moyens violens qui l'accompagnent, le Directoire vient de révéler aux deux Conseils, que *l'heure des palliatifs est passée* ; que *tous les ressorts se brisent dans ses mains*, & que la République *touche à son dernier terme, si quelque ressource inattendue ne sort, pour ainsi dire, avec la rapidité de l'éclair du génie de la liberté* (1).

---

(1) Message du Directoire au Conseil des 500, le 6 Décembre 1795.

J'avais d'autant plus besoin de cette confirmation de mes pronostics, que dans le temps même où l'on reconnaissait à Paris que *le système des assignats était si mauvais qu'il ne pouvait plus durer*, (2) il venait de s'élever à Londres un ancien administrateur des finances de France, qui traitait *d'illusions empiriques* tous mes calculs sur leur inévitable épuisement. A en croire l'écrivain dont je parle, celui *des Réflexions sur la Paix* avait seul raison en attribuant tous les triomphes de la République au *mouvement révolutionnaire* & au *fanatisme de la liberté:* le commentateur va même plus loin; il ne dissimule point que cet enthousiasme dure encore, & peut opérer les mêmes merveilles.

Lorsqu'on saura que ce champion politique, le premier qui se soit encore présenté sur l'arène pour défendre généreusement envers & contre tous, les opinions de la fille de M. *Necker*, n'est rien moins que le célèbre financier, M. *de Calonne*; il n'est personne, je pense, qui à ce trait d'héroïsme ne soit tenté de s'écrier:

Du Chevalier Français tel est le caractère!

Mais comment se fait-il qu'en combattant sous les bannières du beau sexe, il se soit cru dispensé vis-à-vis de moi des égards dont je m'étais honoré envers son héroïne? N'aurait-il pas dû lui suffire d'avoir écarté, par de simples assertions, toute la chaîne des faits que j'avais pris tant de peine à rassembler, sans rendre ma défaite plus humiliante encore, en me prodiguant les

(2) *Rewbell*, Président du Directoire.

épithètes de *grand pronostiqueur*—de *dogmatiseur à perte de vue*—de *pamphlétiseur politique*—de *prophète*—d'*oracle*—de *folliculaire*, &c. &c. &c ? (1)

Après avoir employé mes faibles moyens à plaider la cause de la Monarchie Française & de tant d'infortunés dépouillés, il m'aurait été peut-être difficile de deviner comment j'ai pu encourir l'indignation de M. de Calonne, s'il n'en eût lui-même trahi d'entrée l'objet, en attaquant mon écrit *sur les assignats* par les deux dernières lignes où je disais que la Monarchie Française *avait péri par les finances :* sur quoi il s'écrie, que CELA N'EST PAS VRAI, que CELA NE SERA JAMAIS VRAI—que *jamais le trésor public n'avait été aussi déchargé de dettes exigibles, aussi ponctuel dans ses paiemens & aussi puissant en crédit* qu'à l'époque de la convocation des Notables, &c.

A la manière délicate, mais formelle, dont il me donne ce démenti, je dois supposer qu'il a en main, comme il l'annonce, des preuves *incontestables* de mon

(1) Il est vrai que M. de Calonne, exercé de longue main à toutes les évolutions de la guerre polémique, a pris de temps en temps la peine de voiler légèrement quelques-unes de ces personalités sous des réflexions générales. C'est ainsi par exemple qu'il parle le plus souvent au pluriel, lorsqu'il veut s'adresser à moi de manière que personne ne puisse se méprendre sur ses apostrophes. Après s'être servi très-librement de mon nom, il a jugé à-propos de cacher le sien sous le manteau de l'anonyme : ce qui ne l'a pas empêché de s'en aller publiant par-tout qu'il est l'auteur du *Tableau de l'Europe*, inséré dans le Journal de Monsieur son frère. Voyez la suite du *Courier de Londres*, des mois de Novembre & Décembre 1795.

impoſture, & qu'il ne me reſte qu'à faire amende honorable. Auſſi ſuis-je prêt à reconnaître mon erreur, (1) pourvu qu'il me permette de déplorer avec toute l'Europe, qu'il ait caché ſi long-temps ces grandes vérités, & qu'en réuniſſant les Notables, au lieu de leur déclarer *un déficit de 115 millions*, il n'ait pas jugé à-propos de mettre ſous leurs yeux les pièces juſtificatives qu'il poſsède ſur le brillant état des finances de la Monarchie.

Au reſte, il ne s'agit plus à préſent de ſavoir ſi la Monarchie Françaiſe a péri par le *délabrement* de ſes finances, mais uniquement de calculer ſi la République s'écroulera par le diſcrédit de ſon papier-monnaie. C'eſt ce que nie également M. de Calonne, qui m'oppoſe d'abord la grande reſſource des Français, leur *énergie exaltée par le fanatiſme, & le fanatiſme redoublé par la calamité même.* Ce n'eſt là, ce me ſemble, que la paraphraſe des premières lignes de l'auteur des *Réflexions ſur la Paix.* Or je crois avoir prouvé que ſi l'enthouſiaſme a commencé la Révolution, ce ſont les aſſignats qui ont créé la République, & qui lui ont procuré ſes conquêtes. (2)

---

(1) Si quelque choſe peut me faire pardonner cette erreur par M. de Calonne, c'eſt qu'il m'y avait en quelque ſorte induit lui-même, en accuſant l'Aſſemblée Conſtituante d'avoir *empiré le* DÉLABREMENT DES FINANCES qu'elle *devait* RÉPARER, diſait-il. Voyez ſon ouvrage de *l'Etat de la France préſent & à venir*, p. 5.

(2) Voyez page première & ſuivantes du *Coup-d'œil ſur les Aſſignats*, ou page 229 des *Révolutions de France & de Genève*, édition in-8°, publiée à Londres au mois d'Octobre 1795.

C'eſt

M. de *Calonne* est loin de me l'accorder; mais en l'admettant comme hypothèse, il soutient qu'il n'est pas impossible de prolonger le règne de ces assignats; & il connaît plusieurs moyens d'y réussir, malgré leur discrédit actuel. *Ceux qui par quelques lignes de décret ont créé*, dit-il, *d'immenses richesses, qui les ont multipliées autant qu'ils ont voulu, & qui ont grossi leur masse sans*

C'est là où je me suis attaché à prouver par les aveux même des Législateurs Français, que *toute la puissance de leur Révolution consiste exclusivement dans leurs assignats*. Si cette proposition avait besoin de nouveaux développemens, on pourra les trouver dans le dernier rapport qu'a présenté la nouvelle Commission des Finances au Conseil des 500 le 13 Novembre. En voici quelques passages :

La Révolution, en ouvrant une carrière de gloire au peuple Français, a ouvert aussi une source de dépenses publiques. La guerre terrible que nous avons faite à nos ennemis est le compte général de nos finances.

Des armées portées jusqu'à 1400,000 *combattans, entretenus depuis quatre ans de tous les objets nécessaires à la guerre; l'établissement d'une multitude d'atteliers & d'arsenaux créés presque à l'instant dans toutes les parties de la République, une marine nombreuse jetée dans un moment sur les chantiers & armée; une consommation en tout genre dont aucun peuple n'avait donné l'exemple; des approvisionnemens immenses de subsistances de marine & de guerre, achetés chez l'étranger pour remplir le gouffre dévorant de nos besoins; mille dépenses imprévues dont les événemens de la Révolution ont amené par intervalle la nécessité; voilà les causes honorables de l'état de nos finances.*

Durant ce temps, ajoute le Rapporteur Echassériaux, *aucun principe, aucune règle déterminée, ne dirigeaient les finances de l'Etat. Les émissions d'assignats venaient réparer tous les désordres, & combler toutes les dépenses. Le ministère de la guerre devint un gouffre. Dès ce moment on égara l'équilibre de la recette & de la dépense, le désordre s'accrut, l'impôt fut négligé; la planche des assignats fut la ressource*

bornes, sans obstacles, ne pourraient-ils pas, aujourd'hui qu'ils ont encore en mains la même baguette enchanteresse, terrifique & toute-puissante, soutenir leur ouvrage, ou le remplacer, en réparer la caducité, ou le remonter à neuf, préserver du néant ce que d'un mot ils en ont fait sortir, ou y substituer d'un mot d'autres créations semblables? N'est-ce pas un adage reçu, que qui peut plus peut moins? N'est-ce pas une vérité éternelle que le pouvoir conservateur est inhérent au pouvoir créateur?

Voilà vraiment un tableau de la nouvelle école. Si quelques amateurs le trouvaient un peu chargé, même à Paris; je dois les prévenir que l'auteur, en l'exposant à Londres, a eu la précaution d'inscrire au bas qu'*on doit être enfin convaincu par la leçon des événemens que la plus mauvaise manière de raisonner aujourd'hui, c'est de raisonner comme autrefois.*

Sans cet avertissement salutaire, la leçon des événemens m'aurait peut-être convaincu de plus en plus

---

unique entre les mains du gouvernement pour les fraix de la guerre, pour les besoins ordinaires de l'intérieur, & pour toutes les dépenses extraordinaires....La faiblesse des douze administrations ne fit qu'accroître la dépense, & pressurer la trésorerie nationale, qui, pour s'alimenter & faire le service, invoquait toujours de nouvelles émissions d'assignats.

Je ne sais si ce nouvel aveu me réconciliera avec mon adversaire, qui voudrait, à toute force, attribuer à quelque chose de plus noble qu'une planche de graveur les succès de ses compatriotes sur *la confédération des plus grandes Puissances. C'est un sublime & merveilleux secret,* dit-il avec ironie, *que celui de combattre toute l'Europe avec du papier, & de faire de superbes conquêtes avec des chiffons!*

que la manière de raiſonner comme autrefois eſt encore la meilleure ; & ſi l'auteur du *Tableau de l'Europe* n'avait pas volontairement renoncé à ce qu'il appelle les *vieilles méthodes*, les *vieilles maximes*, les *vieilles probabilités*, il me ſemble qu'il aurait fort bien ſu dire : « La baguette enchantereſſe avec laquelle la Révolution Françaiſe créa d'immenſes richeſſes, & groſſit leur maſſe ſans bornes, avait pour taliſmans à ſes deux extrémités, l'enthouſiaſme & la terreur : elle a vu s'évanouir pour jamais avec eux ſa toute-puiſſance, & ne peut déjà plus aider à conjurer les eſprits, qui d'un mot avaient tiré les aſſignats du néant. Plus de cent fois le Magicien déconcerté a promis ſolemnellement de leur rendre tout leur premier crédit ; & cependant leur diſcrédit n'a fait que s'accroître. Il n'avait pas même ſu l'arrêter lorſque ſa baguette était encore terrifique ; comment leur ſubſtituerait-il d'autres créations ſemblables, aujourd'hui que cette baguette elle-même lui a échappé ? N'eſt-ce pas un *adage reçu*, que celui qui n'a pas pu le moins, ne peut pas le plus ? N'eſt-ce pas une *vérité éternelle*, que le pouvoir créateur n'eſt point inhérent au pouvoir qui n'a pas ſu ſe montrer conſervateur ?"

Il eſt vrai que le financier qui m'a réfuté m'oppoſe la Nation Françaiſe, comme *la Nation la plus crédule & la plus ſéductible qu'il y ait au monde* ; & il en conclut, que *le* BON SENS *ne permet pas de douter que ceux qui ont trouvé ſi facilement chez leur imprimeur des fonds ſuffiſans pour faire face aux attaques de toute l'Europe, ne trouvent encore quand il le faudra quelque autre expédient semblable, & ne parviennent à remplacer une fiction par une autre fiction. — La source des illusions est-elle donc tarie ?* s'écrie-t-il.

Je l'avais cru tarie, je l'avoue ; & quoique M. *de Calonne* en connaisse mieux que moi les divers canaux, *le bon sens* ne me permet pas de présumer qu'elle puisse se rouvrir avant qu'on ait réussi à persuader aux Français, 1°, que *la guerre est un besoin de leur manière d'être* (1) ; 2°, que pour la prolonger, il leur convient d'adopter *quelque expédient semblable* à celui des assignats qui les a ruinés ; 3°, que ce nouvel expédient, si c'est un papier-monnaie, repose sur une hypothèque absolument différente de celle du précédent.

Ici, & entre mille moyens de rouvrir la *source des illusions*, l'auteur du *Tableau de l'Europe* débute par indiquer celui qui lui paraît le plus simple. *Pourquoi donc*, me demande-t-il, *les Chefs de la Convention ne parviendraient-ils pas, aujourd'hui que l'exigence de la chose publique est plus impérieuse qu'autrefois, à persuader à la nation qu'il faut retrancher quelques chiffres aux assignats, pour simplifier le dénominateur, comme on a introduit en arithmétique les fractions décimales pour faciliter les calculs ?* La comparaison n'est pas exacte, mais n'importe ; on saisit l'idée ; & l'on doit convenir que c'est une conception hardie que de redonner un nouvel empire aux assignats, en détruisant leur principal appui, la confiance. Cependant, comme la nouvelle Législature Française vient d'enlever à M. *de Calonne* le mérite

(1) Assertion de l'auteur du *Tableau de l'Europe*.

mérite de cette grande découverte en le gagnant de vîteſſe (1), il ne lui ſera plus permis d'alléguer que *l'impéritie des moyens propoſés à la Convention ne prouve que contre ceux qui les ont adoptés.* Reſte à ſavoir maintenant juſqu'à quel point ce qu'il appelle le *dénominateur ſimplifié* pourra arrêter le diſcrédit des aſſignats qu'on ſoumet à une pareille épreuve, ce diſcrédit qu'il n'enviſage, dit-il, que comme *une irrégularité exceſſive dans ſon mouvement.*

Et certes, il ne s'en tient point là ; car il ne voit dans cette irrégularité que *la preuve d'un agiotage déſordonné, auquel* il affirme qu'*il ne lui paraît pas impoſſible de mettre un terme.*

Telle eſt, mot pour mot, ce me ſemble, la manière de raiſonner des Légiſlateurs Français ; & cependant, depuis dix mois qu'ils tiennent préciſément le même langage, il ne leur a pas encore été poſſible de découvrir l'apparence d'un frein contre l'agiotage dont ils ſe plaignent. J'en ſais bien la raiſon ; c'eſt que cet *agiotage déſordonné* n'eſt autre choſe qu'une *défiance profonde,* & que ſe défier d'un papier-monnaie, c'eſt en d'autres termes ſe défier de ſon gage ou de ſon rembours.

Il eſt vrai que M. *de Calonne* ne fait pas difficulté

(1) Il développait cette idée lumineuſe dans le *Courier de Londres* du 18 Novembre ; & trois ſemaines après, les deux Conſeils Français ſe ſont réunis pour la mettre en pratique. Ils ont décrété, ſans doute pour *faciliter les calculs,* que les aſſignats de 100 liv. ne vaudraient que 1 liv. encore ſera-ce dans un emprunt forcé que le Gouvernement les recevra à ce taux. Je ne ſais ſi c'eſt-là ce qui s'appelle *ſimplifier un dénominateur.*

de laiſſer deviner l'un des freins qu'il aurait oppoſés à cette défiance. Mais, en l'indiquant à ſes compatriotes, je leur laiſſe à prononcer s'ils ſeront tentés de s'y ſoumettre. *L'exécrable Robeſpierre*, dit-il, *auſſi petit en lumières que grand en barbarie, moins ignorant en adminiſtration, & moins enclin à choiſir de préférence les voies les plus tyranniques, n'eût pas cru néceſſaire de recourir à une loi auſſi vexatoire que l'était celle du Maximum. Il ſe fut contenté de rendre le cours des aſſignats forcé,* EN EXCLUANT CELUI DES MATIERES D'OR ET D'ARGENT.

Le financier *Bourdon* avait devancé M. *de Calonne*, en prêchant cette même meſure préciſément 6 mois avant lui. Je veux croire qu'elle eût été moins *tyrannique*; mais eût-elle été moins vaine que celle du *Maximum*; n'aurait-elle point fait enfouir toutes les eſpèces qu'on n'aurait pas réuſſi à expédier dans l'étranger? Comment ſe figurer qu'elle eût empêché le diſcrédit des aſſignats? Tout ce qu'avance à ce ſujet l'auteur qui me réfute paraîtra bien faible. *Une monnaie artificielle*, dit-il, *ne perd ou ne gagne que quand elle eſt échangeable contre une monnaie réelle.— Le taux du change eſt à ſon égard un mot vuide de ſens.*

Cette idée paraît l'idée-mère de toute la doctrine de M. *de Calonne*; & il ne ceſſe de revenir à la charge, contre ceux qui, ſans avoir aucune *notion ſaine du taux du change* des aſſignats, *s'aviſent néanmoins d'en raiſonner*. Je ne ſais trop comment il s'y ſera pris pour ſe former ce qu'il appelle des *notions ſaines* ſur le *taux du change* d'un papier-monnaie que les endoſſeurs, ainſi qu'on l'a fort bien dit, ſe ſont conſtamment paſſés de mains en mains *comme un charbon ardent* : quant à moi, je ne me vante ni de saisir ni de fixer tous les élémens révolutionnaires qui, en telle ou telle époque, ont influé plus ou moins sur *le cours du change* des assignats. Mais s'il est inutile d'analyser les diverses causes des variations de ce cours, il est beaucoup plus important de constater leur baisse continue & leur taux actuel, parce que c'est l'unique principe à l'aide duquel on puisse arriver à l'évaluation du gage affecté à leur rembours.

Ce principe vient d'être exposé avec beaucoup de clarté au Conseil des Anciens par sa Commission des Finances. *La valeur de l'assignat*, lui a-t-elle dit le 3 Décembre, *est irrévocablement fixée dans son rapport avec le gage qui lui est affecté*. Après avoir posé ce principe, après avoir déploré l'incertitude toujours croissante sur la *réalité* des propriétés qui servent de gage aux assignats ; cette même Commission en a conclu que, pour anéantir le discrédit du papier-monnaie, il fallait *vérifier la valeur réelle des domaines nationaux*. Il est vrai qu'elle n'a pas tardé à découvrir que cette *vérification* serait un remède pire que le mal : mais si elle n'a pas jugé à propos de l'entreprendre, il ne me sera peut-être point impossible d'y suppléer par la seule application du principe ci-dessus. (1) En effet, dès que j'ai la certitude que la

(1) Dans la séance du 10 Octobre, *Le Couteux* a ajouté un développement de plus à ce principe : *L'assignat ne peut être apprécié ou déprécié*, a-t-il dit, *qu'en raison de la plus ou moins forte quotité du gage sur lequel il est délégué, & qui doit l'acquitter, comparée avec la quotité déterminée de la somme nominale des assignats en émission.*

valeur de l'assignat & celle du gage sont *en rapport*, il me suffit d'apprendre que les 20 milliards d'assignats qui étaient en circulation le 3 Décembre étaient tombés à $\frac{5}{8}$ pour cent de leur valeur nominale, & ne représentaient ainsi que 125 millions de valeur effective; je trouve tout à la fois dans ce produit celui de la valeur supposée au gage avec lequel celle de l'assignat *est irrévocablement fixée dans son rapport.*

Cette évaluation paraîtra peut-être trop faible; mais il est essentiel d'en soumettre le calcul à diverses épreuves avant de le rejeter comme erroné. En suivant dans sa gradation la baisse des assignats, on verra qu'à mesure que le public a été éclairé sur l'étendue des restitutions, & sur le bas prix auquel se vendaient les biens non restitués, il a eu grand soin de suivre une progression à-peu-près semblable pour la baisse à laquelle il a successivement condamné les assignats: (1) enfin, l'on se convaincra que l'opinion de ce même public, sur la valeur des biens nationaux, s'est trouvée représentée de jour en jour plus fidèlement par ce qu'on appelle le *taux du change*.

---

(1) Dans la séance du 3 Décembre le banquier *Le Coulteux* a essayé d'indiquer quelques degrés de l'échelle de cette baisse: " En " Pluviose de l'an 3, a-t-il dit, on calculait 6 milliards 400 mil- " lions, qui étant avec la monnaie métallique dans le rapport de " 1 à 4, représentaient 1600 millions. Deux mois après, les as- " signats s'élevèrent à 6 milliards & demi, qui tombant dans le " rapport de 1 à 6 ne représentèrent plus que 1200 millions " valeur métallique."

Je ne saurais m'étonner de cette chûte, si c'est dans cet intervalle que Cambon révéla l'affreux secret de la détérioration des biens nationaux.

Qu'on me permette d'entrer ici dans une discussion que l'auteur du *Tableau de l'Europe* a sans doute jugée au-dessous de son sujet, puisque le mot *hypothèque* ne se rencontre pas même dans la partie de son tableau où il traite des assignats. Moins rapide que lui, il ne me suffit point d'avoir découvert à quoi s'élève la valeur de leur hypothèque dans l'opinion des agioteurs Français ; il me reste encore à examiner si ces agioteurs sont réellement fondés à supposer une valeur de 125 millions aux biens invendus: or, je suis si éloigné de m'en tenir à leur supposition, que je nie sans balancer que les biens nationaux aient aucune espèce de valeur pour la République qui s'en est emparée. Je leur soutiens qu'elle n'en peut absolument rien tirer pour faire face à sa dette, & les porteurs d'assignats vont en avoir la triste démonstration, s'ils veulent prendre la peine de me suivre.

Je ne connais qu'une seule route pour arriver à l'estimation précise d'un domaine rural, c'est de se faire exhiber le tableau de son revenu net. Quoique depuis long-temps le Gouvernement Français, afin d'exagérer la valeur de ses domaines, s'efforce de jeter un voile sur le cadastre de leurs revenus, il sera facile de lever ce voile à l'aide des aveux indiscrets que fit *Johannot*, il y a environ une année. Le premier de ces aveux, que j'ai déjà rapporté, est trop précieux pour en laisser perdre la trace. Le voici : *Le revenu d'une année des biens nationaux invendus est d'environ 300 millions.* Ici se présentent trois observations importantes. La 1ère, que depuis le 22 Décembre 1794, date de cet aveu, non-seulement on a cessé les confiscations, mais on a restitué toutes celles qui avaient eu lieu sous le règne de Robespierre, & cela sans aucune autre exception quelconque que celle des biens de la famille Du Barré. La 2de, que *Le Coulteux* vient de reconnaître, que le 14 Avril suivant, c'est-à-dire seulement quatre mois après, la masse de ces restitutions avait réduit *le gage laissé en hypothèque à sept milliards, valeur de* 1790, *(les revenus estimés il est vrai*, dit-il, *au denier* 50) ; (1) estimation qui réduit par conséquent à 140 millions le revenu de toutes les terres dont la nation se réserva la propriété à cette époque. La 3e, que depuis cette même époque on a aliéné une grande partie de ce revenu de 140 millions.

Or, comme pour se procurer des acheteurs on leur a donné un choix sans limites entre tous les domaines à leur bienséance, il n'est pas douteux qu'ils n'aient choisi les meilleurs ; & l'on est en droit de supposer, ce me semble, que ceux qu'ils auront dédaignés, & qui restent encore à la disposition de la nation, sont pour la plupart, ou des biens d'émigrés situés dans les départemens insurgés, ou des domaines ravagés par l'incendie de la guerre, ou bien de ces domaines dont parlait Cambon, il y a onze mois, en annonçant qu'ils *dépérissaient* entre les mains de la nation, ou enfin de cette dernière classe de domaines dont parlait le même Cambon, en convenant que des acheteurs frauduleux les abandonnaient *après en avoir vendu en détail les arbres &*

(1) Voyez le Moniteur du 9 Décembre, 1795.

les matériaux. Ces circonftances confidérées; je doute que la totalité des biens non-reftitués, & de tous ceux qui demeurent invendus, ait jamais produit la moitié du revenu dont vient de parler *Le Coulteux*: mais je confens à admettre l'eftimation des 140 millions de revenus qui, fuivant ce Député, exiftaient encore il y a huit mois dans les mains de la République.

Maintenant, à ces premières données, il en faut joindre trois autres : 1°, qu'il y avait *environ un million* de créanciers privilégiés fur la totalité des biens faifis; 2°, que le 1er Janvier 1795, la Convention a déclaré folemnellement cette dette privilégiée à *la charge de l'Etat*; 3°, que peu de temps après la reftitution faite aux fédéraliftes, *Johannot* a affuré que cette dette, qu'il appela *créances fur les émigrés, n'excédait pas* 1500 *millions* de capital, ce qui était convenir en termes déguifés qu'elle excédait le produit du revenu de dix années de toutes les terres non reftituées.

Tous mes lecteurs me devancent dans la réflexion qui fe préfente ici. Si le revenu des biens invendus ne s'élève qu'à 140 millions, & qu'il foit dû fur ces biens 1500 millions, c'eft-à-dire au-delà de 10 années de revenu, il eft plus clair que le jour, que la nation, qui s'en eft emparée à la charge d'en acquitter les hypothèques, ne peut pas fe flatter de s'en appliquer un feul écu à moins qu'elle ne réuffiffe à les vendre mieux qu'au denier 10. Or, comment s'en flatterait-elle encore, depuis qu'afin de fe défaire des meilleurs, elle s'eft vue réduite à en offrir l'aliénation pour un capital correſpondant à 2 ou 3 années de leur ancien revenu? Suppoſons néanmoins, par impoſſible, qu'elle parvienne à les vendre tous au denier 10; à quoi lui ſervirait encore ce produit ineſpéré, ſinon à acquitter les anciens hypothécaires privilégiés?——Et alors, que devient, je le demande, la fortune coloſſale què l'État s'était promis d'une pareille proie? Cette proie lui échappe, il ne lui en reſte déjà que la honte du brigandage & les mortifications du desappointement. A peine s'était-il emparé par la violence, mais à ſes périls & riſques, d'une ſucceſſion qu'il ſavait être immenſe, & il s'apperçoit avec effroi que c'eſt une ſucceſſion ruineuſe dont le paſſif ſurpaſſe de beaucoup l'actif. A peine avait-il réuſſi, à force de dépenſes & de crimes, à ſe défaire de tous les héritiers collatéraux, & il apprend qu'en paſſant dans les mains d'un héritier auſſi ſuſpect que lui, ce prétendu héritage a perdu tout-à-coup les neuf dixièmes de ſa valeur primitive! Enfin, pour comble de maux, ce Gouvernement ſpoliateur n'a aucun moyen quelconque de ſortir du dédale inextricable où il s'eſt enfoncé. Lui propoſerait-on de ſuſpendre la vente de ſes terres, afin d'en remonter graduellement la valeur? Il vous répétera avec l'accent du déſeſpoir, que les fraix annuels de leur geſtion lui ont coûté juſqu'ici au-delà de tous les revenus qu'il en perçoit, & que, malgré ſa vigilance redoublée, celles qui demeurent invendues ſe détériorent chaque jour à vue d'œil.—Eſſayera-t-il de dépouiller de leur titre les anciens créanciers? ou, ce qui reviendrait au même, acquittera-t-il encore cette dette privilégiée en aſſignats ou en cédules?....

Il

Il réduirait infailliblement par-là à la mendicité un million de familles au secours desquelles il se verrait forcé malgré lui d'accourir; car une expérience affreuse & prolongée l'a enfin convaincu qu'après avoir ruiné les rentiers de Paris, en les remboursant en papier-monnaie, il lui en coûte infiniment plus en distributions gratuites de subsistances pour les soulager, eux, & toutes les classes qu'ils faisaient vivre, qu'il ne lui en aurait jamais pu coûter pour rester fidèle à ses engagemens (1). Ainsi, quelque part qu'il porte ses regards, il ne découvre autour de lui qu'écueils & précipices!

Leçon à jamais mémorable de ce que le système des confiscations a de perfide pour les Gouvernemens qui s'y livrent, & de désastreux pour les partis qui espèrent en profiter! Ils croient dépouiller leurs adversaires, & ils se volent eux-mêmes. Porteurs d'as-

---

(1) Dans son message du 16 Décembre, le Directoire vient d'avouer que *les subsistances de Paris exigent en ce moment plus de 370 millions par décade.* Qu'on juge, d'après un pareil aveu, si Dupont avait eu tort de s'écrier quinze jours auparavant: *Aucune société policée ne peut lever sur son peuple un impôt suffisant pour nourrir son peuple.*

Avant la Révolution qui a ruiné sans retour les capitalistes, les rentiers, & toutes les autres classes, non-seulement les subsistances de la capitale ne coûtaient rien au Gouvernement, mais il en retirait un revenu annuel de 77 à 78 millions. C'est en en donnant le relevé, que M. Necker remarque que le Roi *de France tirait plus de revenus de sa Capitale, que les trois Royaumes ensemble de Sardaigne, de Suède, & de Dannemark, ne paient de tributs à leurs Souverains.*

Que les temps sont changés!

ſignats ! Français qui aviez cru receler impunément le fruit de tant de brigandages ! ouvrez vos porte-feuilles : qu'y trouvez-vous maintenant ? Les titres enregiſtrés de votre indigence & de cette avide crédulité qui vous a rendu les complices de tant de vols déjà diſſipés, & vous a fait plonger les mains dans le ſang de tant d'innocens.

Oh, qu'il ſera important de s'arrêter un jour ſur une époque qui fait ſi bien reſſortir l'accord éternel de la juſtice & de l'intérêt ! Et quel ſujet intariſſable de méditation pour l'hiſtorien ou l'adminiſtrateur, lorſqu'il fixe déjà ſa penſée ſur les premières queſtions qui viennent l'aſſiéger en ce moment !

Si les Chefs de la Révolution Françaiſe avaient religieuſement reſpecté les propriétés des individus ; s'ils ne s'étaient appliqués qu'à répartir les anciennes contributions d'une manière plus équitable ; n'auraient-ils point levé réellement ſur le produit bien ménagé des propriétés reſpectées, un ſubſide plus efficace, quoique moins conſidérable, qu'en ſe livrant aux confiſcations ? N'auraient-ils point été préſervés par-là du projet chimérique de révolutionner l'Europe par la propagande, & de la démembrer par une guerre de conquêtes ? Enfin, n'auraient-ils pas fondé plus ſurement & plus rapidement une Conſtitution libre, & un Gouvernement ſuffiſamment doté pour pourvoir à ſes dépenſes ?

En admettant que Robeſpierre & les Jacobins euſſent pu continuer à régner impunément par la terreur, & à l'alimenter à leur gré par les ſpoliations ; combien d'années doit-on préſumer qu'ils auraient pu rouler autour de ce cercle, avant que la France eût été en friche, & que ſes tyrans euſſent été appelés par leur propre intérêt à renoncer volontairement à un pareil régime ?

Au point où en ſont réduits aujourd'hui les ſucceſſeurs de Robeſpierre, pourraient-ils faire en finance une opération plus productive que de réintégrer dans leurs propriétés toutes les familles dépouillées, à la charge par elles, de ſatisfaire avec le temps leurs anciens hypothécaires, dont le Gouvernement ſpoliateur a garanti ſi imprudemment la créance ?

En ſuppoſant deux Princes voiſins montant ſur le trône, également abſolus & également riches, mais dont les revenus de l'un conſiſteraient en contributions levées ſur un peuple de propriétaires, tandis que tous les revenus de l'autre conſiſteraient en terres dont il aurait la propriété, & qu'il affermerait ; lequel des deux augmenterait le plus ſa puiſſance, & celle de ſes ſucceſſeurs ? Serait-ce le premier, en s'en ſervant comme Robeſpierre, pour confiſquer à ſon profit les terres dont ſes ſujets étaient propriétaires ; ou le ſecond, en imitant la conduite du Gouvernement Anglais, qui vient d'aſſurer à perpétuité & ſous certaines conditions aux peuples de l'Inde les terres qui lui appartenaient, & que ceux-ci n'avaient cultivées de temps immémorial qu'à titre de fermiers ?

Que d'utiles développemens pourraient offrir de pareilles dissertations ! Avec quelle clarté, de ces exemples tous vivans encore, se déduirait la preuve que la *propriété* est la pierre angulaire de la voûte sociale, qu'elle est la source unique & première de l'industrie, des reproductions, de la puissance ? Comme on en verrait sortir avec éclat ce grand principe, *L'injustice porte toujours avec elle ses fruits de ruine !*

Peuples que la République Française avait espéré pervertir par l'exemple de ses confiscations ! bénissez le Génie protecteur de l'espèce humaine, de ce qu'il a permis que la pétulante imprévoyance de cette nation dissipatrice, vous ait mis à portée d'entendre ses cris de détresse & de misère presqu'en même temps que les vanteries de son opulence. Attendez le dénouement de la Révolution, & tous ensemble, en lisant le dernier chapitre de cette histoire de spoliations, vous vous écrierez : *Voilà pour les générations futures l'Evangile de la propriété.*

Que cette leçon ne reste point perdue pour les administrateurs des peuples ! Le respect des propriétés sera toujours la garde la plus fidelle qu'ils pourront placer autour de leurs trônes. Qu'ils se souviennent que tout Gouvernement qui ose violer la propriété de ses sujets, prépare inévitablement leurs insurrections : & certes, je ne crains pas de le dire, il les justifie.

Il est temps d'en revenir aux assignats. Serait-il donc vrai, qu'on en eût arrêté la baisse dans son cours, en *excluant celui des matières d'or & d'argent ?* Ou je suis fort trompé, ou, malgré cette exclusion, les assignats sur les biens nationaux n'en auraient pas moins continué à prendre leur valeur dans les échanges, 1°, suivant qu'on aurait estimé le dividende que pourrait fournir la vente de ces biens ; 2°, suivant qu'on aurait plus ou moins redouté de nouvelles émissions, qui, poussées au-delà d'un certain terme, opèrent toujours la démonétisation des précédentes ; 3°, suivant que les individus auraient cru ou douté que la Nation pût livrer les terres aux porteurs des assignations, ou qu'elle se trouvât forcée en résultat de les restituer aux possesseurs légitimes. Ces trois élémens, en se modifiant chaque jour, auraient donné lieu pour ainsi dire chaque jour à un nouveau calcul de probabilités pour fixer le *taux du change* du papier-monnaie. Lors même qu'on aurait oublié jusqu'au souvenir des anciens signes métalliques, la valeur relative du nouveau signe se serait établie sur les marchés contre toutes espèces de marchandises & de denrées, à peu de chose près, dans la même proportion où elle s'est établie sur la bourse de Paris, contre le numéraire qu'on a eu le bon esprit de ne point en exclure.

Que fait l'auteur du *Tableau de l'Europe*, pour renverser *cette manière de raisonner d'autrefois ?* Il jette en avant l'idée d'un nouveau signe monétaire qu'on appellerait *septier de bled, pain d'une livre, pain d'une demi-livre*. Ici, je me bornerai à lui demander s'il pense que l'assignat *d'une livre de pain* en aurait acheté plus d'une *once*, à l'époque où les assignats perdirent $\frac{15}{16}$ dans l'opinion, c'est-à-dire à l'époque où le public en fut venu à croire, que leur gage territorial ne valait que la 16e partie des assignations que ce gage devait rembourser ?

Je pouvais d'autant moins me dispenser de traiter à fond & le principe & l'exemple, qu'on verra bientôt que les *Cédules* qu'on se proposait de substituer aux assignats, n'auraient été autre chose qu'un nouveau signe monétaire, non de *livres de pains*, mais *d'arpens de terres* : d'où l'on peut s'assurer, que le *taux de leur change* se serait établi sur les données que je viens d'exposer, & sur la défiance qu'on aurait conçue, que quelque décret de trois lignes fût venu *simplifier le dénominateur*, en supprimant les deux derniers zéros d'une cédule de 100 arpens, comme on supprime en ce moment ceux d'un assinat de 100 liv. En d'autres termes, le *taux de leur change* avec le bled (1) ou toute autre marchandise se serait gradué exactement sur le thermomètre de la confiance.

De la confiance! s'écrie M. de Calonne.—*Quand a-t-elle donc existé? Y en avait-il lorsque dès la seconde année les assignats perdirent jusqu'à 28 pour cent?* ....

(1) Je renvoie à la fin de cet écrit une longue note additionnelle, pour laquelle je rassemble des faits qui me paraissent singulièrement curieux. Je crois qu'ils pourront jeter un grand jour sur la masse du numéraire qui est sorti de France, sur l'énorme diminution du revenu des individus, & sur la dépréciation de la valeur des terres. On y trouvera aussi sur le prix de la main-d'œuvre des documens d'autant plus surprenans qu'ils fourniront la preuve, que le prix des salaires a baissé progressivement en raison inverse du renchérissement des denrées. Ce n'est qu'en recueillant & en rapprochant de pareils faits qu'on pourra se faire une juste idée de la longue chaîne des calamités auxquelles la Révolution a condamné la France.

Y en avait-il? . . . Y en avait-il? &c. &c. Y a-t-il pensé sérieusement en proposant de semblables questions? & puis-je mieux y répondre, qu'en lui demandant à mon tour, par quelle espèce de miracle, à l'époque où il les élevait, on aurait payé jusqu'à 24 liv. en espèces à Paris, & même dans les pays neutres un assignat de 3600 liv. si ce papier, qu'il appelle un *chiffon*, ne conservait point encore un faible reste de *confiance*; & si l'on n'eût pas pensé qu'il y avait 1 contre 150 à parier qu'il serait remboursé? Je conviens que les paris en faveur de ces chiffons ont constamment baissé à mesure qu'a augmenté la défiance qu'ils inspirent: mais je soutiens que c'est cette baisse continue qui peut seule conduire à la solution du grand problême à résoudre, savoir, si, comme je le pense, cette défiance accélérée conduit rapidement le papier-monnaie à son anéantissement total; ou si, comme l'affirme M. de Calonne, *on n'en peut rien conclure de pareil.*

Il est vrai qu'il affirme en même temps que la République, pour arrêter cette défiance & l'anéantissement des assignats, a en réserve bien d'autres moyens que la simplification de leur dénominateur. Ecoutons-le: *Quand il y a une force irrésistible; quand ce qu'on veut est évidemment nécessaire, & qu'on le veut avec une autorité absolue, comment y aurait-il de la résistance? La grande erreur est de ne pas considérer ce que sont les moyens Révolutionnaires. Si l'on était aussi convaincu qu'on devrait l'être qu'ils surpassent de beaucoup en force & en étendue les moyens légitimes & réguliers, on ne se repaîtrait pas de chimères.*

Ce tableau des *moyens Révolutionnaires*, ou plutôt ce spectre de la *terreur*, évoqué sans doute par la terreur même qu'en a l'écrivain, peut-il se reproduire encore avec succès sur le théâtre de la France, qu'il a si long-temps ensanglanté, & où il a déjà été une première fois saisi & terrassé? En un mot, sera-t-il possible d'y ramener ce régime affreux?. . .Je ne dis pas seulement que les violentes passions qui agitaient alors le peuple se sont calmées par l'expérience & le malheur; mais j'ose garantir que le sceptre de la Terreur est brisé, ne fût-ce que par cela même qu'il faut enfin briser la planche des assignats. Je répète que ce furent ces assignats, & ces assignats seuls, qui fournirent au Gouvernement Terroriste le moyen d'armer & de salarier la moitié de la Nation, pour opprimer & terrifier l'autre moitié (1). Quoi qu'on puisse en dire, ces assignats conservaient alors dans l'opinion au moins un tiers de leur valeur nominale, & à moins de

(1) Lorsque cette foule immense d'artisans & de cultivateurs désœuvrés, dont parle Cambon, reçut la promesse de 5 liv. par jour pour entrer dans les Comités Révolutionnaires, afin de propager la terreur; bien que l'assignat perdit alors 50 pour cent, il est évident que ces ministres de la terreur recevaient, ou croyaient recevoir, un salaire effectif d'environ 2 liv. 10 s. Avant de recréer ces 20 mille Comités de terreur, & d'enrôler ce qu'on appelait des *armées Révolutionnaires*, il s'agira donc de trouver préalablement des fonds pour les solder de nouveau, car ce ne sera assurément pas avec des assignats de 5 livres.

de leur rendre leur premier crédit, je défie qu'on puiſſe découvrir aucune autre reſſource pour organiſer de nouveau ce régime, c'eſt-à-dire pour ſolder une armée de ſpoliateurs plus nombreuſe que celle des ſpoliés ; & je conclus que, dans la chûte de leur papier-monnaie, les Français ont contre le retour effectif du règne de la Terreur préciſément le même garant que les Puiſſances Continentales trouvent dans cette chûte, en faveur de la reſtitution de leurs provinces conquiſes.

M. de Calonne aurait beau m'accuſer de les *repaître de chimères*, il aurait beau chercher à les *convaincre* que *les moyens révolutionnaires l'emportent de beaucoup en force & en étendue ſur les moyens légitimes* : j'en conviens ; mais ce dont il s'agit uniquement ici, c'eſt de ſavoir, d'abord s'ils les ſurpaſſent en *durée*, & enſuite

Si l'on peut y rentrer quand on en eſt dehors ?

Quoi ! m'a-t-il répliqué d'avance, *ne venons-nous pas d'apprendre que le nouveau Conſeil a décrété que le ſeul département de la Seine fournirait dans trois jours à la Capitale* 250,000 *quintaux de bled? Nous apprendrons au premier jour que cela ſera fait. Où pourrait-on prendre & exécuter de telles meſures ?*

Je ſuis heureux qu'il me fourniſſe ici un exemple ſi favorable à ma thèſe. En effet, je le prierai d'abord d'obſerver que ce fameux décret ne réclamait après tout qu'une avance ſur la contribution en nature ; & que c'eſt pour obtenir cette avance qu'il a fallu employer les moyens les plus extraordinaires. (1) Je lui demanderai ensuite pourquoi l'on n'a osé étendre cette espèce de coup d'autorité que sur les seuls districts environnans Paris ; & s'il n'est pas évident que c'est parce que le Directoire y avait sous sa main une force soldée, supérieure de beaucoup à celle du peuple qu'on venait de vaincre & de désarmer ? Enfin, en supposant qu'on réussisse à étendre cette sommation, &, qui plus est, à lever l'emprunt forcé dans les provinces où le peuple est armé, & où il n'y a point de troupes à lui opposer ; je demanderai à tous les hommes qui réfléchissent, je leur demanderai, dis-je, si ce dernier succès de la terreur (auquel je suis loin de croire) devrait effrayer les adversaires d'une telle nation ? En la voyant tout souffrir parce que ses tyrans osent tout, faudrait-il en conclure que ses ressources se multiplieront à mesure que ces tyrans continueront à la dépouiller ? Je ne puis le penser : & quand je me rappelle que, pour obtenir dans les environs de Paris, une simple avance sur l'impôt en nature, il a fallu mettre en mouvement les bataillons qu'on avait fait venir pour combattre les Sections de la Capitale ; quand je considère que, pour soumettre celles-ci, il a fallu affaiblir l'armée du Rhin, & l'exposer à tant de revers ; qu'après les avoir vaincues & désarmées il a fallu se servir de leurs vainqueurs, pour leur procurer des subsistances ; & qu'enfin le plus grand succès de cette

---

(1) L'un de ces moyens a été, de décréter que *ceux qui n'y satisferaient pas dans le délai prescrit, payeraient un 6e en sus de leur contingent pour chaque jour de retard* ; & l'on avait sur les lieux une force armée & soldée pour mettre cette menace à exécution.

violence s'est réduit à alimenter la Capitale pour quelques semaines ; ou je suis fort trompé, ou il y a encore loin de-là à alimenter les armées, & sur toutes choses à soutenir la guerre, en extorquant de la masse entière du peuple les métaux précieux avec lesquels on soudoie ces armées, & que la terreur lui a fait exporter ou enfouir. Encore moins la terreur pourra-t elle jamais donner ou rendre la confiance à aucune espèce de papier-monnaie, par lequel on tenterait de suppléer au numéraire. La confiance par la terreur ! quelle étrange association d'idées !

Je dois convenir que le défenseur des assignats paraît avoir conçu quelques doutes sur leur résurrection par la puissance de la terreur ; car il invite en quelque manière ses compatriotes à n'envisager l'anéantissement du papier-monnaie, que comme une perte de *richesses artificielles.*—*S'il reste à la France*, s'écrie-t-il, *cette principale partie de sa puissance qui est enracinée dans son sol, & consolidée par des millions de guerriers, que penser des oracles de M. D'Ivernois, lorsqu'il répète avec une confiance redoublée, que sans assignats la France ne peut rien?*

Qu'il me permette de lui rappeler que, loin d'avoir *répété*, je n'ai même jamais avancé que *sans assignats la France ne puisse rien.* J'ai dit seulement, & je le RÉPÈTE avec une CONFIANCE toujours plus REDOUBLÉE, que la France ne pourra bientôt *plus faire face à une guerre de conquêtes combinée avec le discrédit de ses assignats, ni au discrédit de ses assignats combiné avec le systême de modération qui interdit de piller à mesure qu'on a besoin d'en émettre.*

Quoi ! me réplique-t-il, *en perdant l'ufage de fes affignats, la France perd-elle toute fa puiffance? De ce moment n'a-t-elle plus fon fol, fon climat, fes productions, fon induftrie, fes foldats, fes canons?—On ne me perfuadera point qu'elle perde fes richeffes naturelles & fes forces phyfiques.* &c. &c. &c.

S'il entend par-là cette population active qui mettait à profit les dons du beau climat de la France, je crains bien que le fer de la guillotine, & de la guerre, n'en aient déjà fauché l'élite. Au furplus, quant aux moyens de foutenir cette guerre, la queftion ne confifterait pas feulement à favoir fi la France n'a rien perdu de *fes forces naturelles & phyfiques*; mais à décider fi *ces forces*, quelqu'intactes qu'on veuille les fuppofer encore, font & feront plus longtemps à la difpofition de fon gouvernement belligérant. Jufqu'ici, je ne lui ai connu, pour en difpofer, que la *planche féconde des affignats*, & l'on verra bientôt que cette planche même lui échappe dans fon naufrage.

Il eft difficile de fe faire une idée des reffources inépuifables de l'antagonifte qui m'a attaqué. Croit-on l'avoir forcé à lever fon camp? C'eft un Général habile qui n'avait fait mine de fortifier quelque temps un faible retranchement, que pour s'en ménager un autre inexpugnable, & derrière lequel il préfente tout-à-coup une contenance cent fois plus impofante qu'avant fa retraite. Ecoutez-le.—*N'héfitons plus à foutenir, que fi les affignats deviennent nuls, l'État en fera déchargé, & que ce qu'on veut faire envifager comme le principe de fa détreffe fera plutôt le principe de sa libération.* C'était pour développer ce dernier *principe* que M. de Calonne avait réservé toutes ses forces. Il a découvert, par un calcul bien simple, que *comme les* 780 *millions sterling dépensés par la France depuis le commencement de la Révolution ne représentent aujourd'hui que* 5 *millions £.*200,000 *sterl. il s'ensuit que quatre campagnes de guerre, &c. &c. n'ont pas coûté à la France, le quart de ce que l'Angleterre dépense en une seule année de guerre.*

Il faut que ce calcul ait quelque chose de bien spécieux, car plusieurs personnes en ont été ébranlées. Essayons de les rassurer.

D'abord, pour se faire une juste idée de ce que cette guerre a coûté à la France, il faudrait connaître les fonds énormes en numéraire, en vaisselle, en métaux, en bijoux de toute espèce, que son Gouvernement a dissipés après les avoir enlevés aux individus, aux compagnies de commerce, & aux églises. Ensuite, pour calculer ce qu'il a *réellement* dépensé en papier-monnaie, il faudrait avoir sous les yeux le tarif exact de la valeur des assignats contre l'espèce, ou contre les denrées, à chaque époque d'une nouvelle émission. Or, sans avoir toutes les pièces nécessaires pour un semblable dépouillement ; je ne crains point d'avancer que la France a dépensé réellement pendant la guerre, & pour la guerre, deux fois plus que toutes les Puissances Coalisées ensemble ; & je peux déjà citer en preuve l'aveu que vient de faire l'un des membres les plus éclairés du Conseil des Anciens, qui évalue à *cinq milliards de valeurs métalliques*, les 30 milliards d'assignats émis ou à émettre. (1) Consentons un moment à prendre ce calcul pour base : admettons que la France n'ait dépensé en assignats qu'une valeur correspondante à cinq milliards Tournois, soit 200 millions sterl. Supposons même que le Gouvernement Anglais ait dépensé de son côté 198 millions sterl. au moyen

(1) " Depuis la première émission des assignats," a dit *Le Couteux*, le 3 Décembre, " à compter de l'époque où le Gou-" vernement s'en est servi pour acquitter les dépenses, on doit " calculer qu'il a dépensé au moins un milliard de valeurs " réelles par an. Cambon, dans son rapport du 3 Pluviose, " an 3, dit à cette époque, que la révolution & la guerre avaient " coûté 5 milliards 350 millions en sus des dépenses ordinaires, " qu'il évalue à 700 millions par an. Ainsi, au commencement " de l'année 1795, en consentant qu'il dût être fait la forte dé-" duction d'un tiers sur la somme annuelle, en raison de la perte " sur les changes ; on AVAIT DÉPENSÉ PAR AN UN MILLIARD " DE VALEURS RÉELLES ; & certainement cette dépense n'a " pas été moindre cette année. Le Gouvernement a com-" mencé à acquitter toutes les dépenses en assignats en 1791. " Ainsi, depuis 1791 jusqu'à la fin de 1795, on peut dire que " les 30 milliards d'assignats, qui seront émis, représenteront une " dépense réelle de 5 milliards ; *lesquels sont bien dus par la* " *Nation aux vingt-quatre millions d'habitans qui la composent.*"

Voilà le compte le plus approximatif qu'on ait eu jusqu'à ce jour sur les dépenses de la République Française ; & il est bien loin d'être exagéré, puisque ses dépenses en valeurs métalliques n'y sont point comprises. Maintenant, pour établir la vraie proportion entre les fraix de la France & ceux de la Grande-Bretagne, il faut se rappeler que la guerre n'a coûté à cette dernière qu'un milliard & demi de livres Tournois, soit 60 millions sterl. empruntés depuis le 1er Janvier 1793, jusqu'au 1er Janvier 1796, pour pourvoir à toutes les dépenses extraordinaires, & même à celles de la campagne prochaine, savoir :

d'emprunts assis sur de nouveaux impôts; tandis que la République Française trouvait le secret de pour-

Emprunts faits depuis la guerre, y compris celui de Décembre 1795 . . . . . sterl.	£.51,500,000
Billets de la marine fondés en 1794 & 1795.	£. 3,536,000
Billets semblables déjà émis, mais non encore fondés, quoique les taxes le soient déjà, & qui seront vraisemblablement fondés pendant le cours de la session actuelle..	£. 5,000,000
Total	£.60,036,000

On m'objectera sans doute, que quoiqu'on n'ait dépensé en réalité que ces sommes; les deux premières n'en ont pas moins ajouté au *capital nominal* de l'ancienne dette une masse de £.73,636,000.

J'en conviens; mais l'unique moyen d'éclaircir la question entre le montant nominal & le montant réel de cette nouvelle dette, c'est de le calculer par le montant des nouveaux intérêts dont la nation se trouve chargée, & qui sont invariables. Or la totalité de ces intérêts, en y comprenant jusqu'aux fraix de Commission payés à la Banque, s'élève à	£. 2,609,571
Il est essentiel de mettre ici en ligne de compte, ce qu'on a ajouté à ces intérêts, & par conséquent aux nouvelles taxes sur lesquelles ils se prélèvent, savoir, une somme équivalente à la centième partie du nouveau capital emprunté; addition destinée à former un fond d'amortissement. . . .	£. 766,878
Les intérêts à fonder pour les 5 millions de la dette flottante, & l'excédent de 1 pour cent qu'on y ajoute invariablement, peuvent être estimés d'avance à	£. 311,250
Totalité des intérêts de la nouvelle Dette, y compris le fond d'amortissement pour la liquider.	£. 3,687,699

voir à tout avec de simples *promesses de payer*, appelées *papier-monnaie*, promesses à l'aide desquelles

---

Je dois inviter ici ceux des lecteurs étrangers qui étudieront ce tableau, à s'arrêter sur quatre observations importantes :— La 1re, que par des arrangemens qui n'avaient jamais été adoptés jusqu'ici, la Grande Bretagne a pourvu dans la guerre actuelle aux intérêts des nouveaux emprunts à mesure qu'elle les a contractés ; puisqu'on voit que les 5 millions de sa dette flottante se trouvent ci-dessus dans le tableau de la dette, aux intérêts de laquelle on a déjà pourvu par des taxes. Il n'en était pas de même lors de la dernière guerre, puisque les Ministres qui firent la paix eurent à pourvoir aux intérêts d'une dette flottante de £.27 millions sterl.—La 2de, que ces nouveaux intérêts ne paraissent si disproportionnés au nouveau capital, que parce qu'environ la 12e partie consiste en longues annuités, qui s'éteindront d'elles-mêmes dans 64 ans ; mais sur-tout parce que le Ministère a eu le courage d'ajouter à la masse de ces nouveaux intérêts, & par cela même à celle des nouvelles taxes, une somme correspondante à la centième partie du capital emprunté ; excédent qui fournira de quoi éteindre la nouvelle dette dans l'espace de 40 années. La 3e, que le fond d'amortissement de toute nouvelle dette doit être à l'avenir fondé de la même manière, & à mesure qu'elle se contractera.—La 4e, que, tandis que ce même Ministère prépare ainsi l'extinction de la nouvelle dette, par ce nouveau fond d'amortissement, il n'en a pas moins continué à appliquer fidèlement l'ancien fond d'amortissement à la liquidation de l'ancienne dette, puisqu'on en a liquidé plus de 7,200,000 liv. sterl. depuis le commencement de la guerre.

C'est par ces arrangemens admirables, & religieusement suivis, que l'Angleterre, chose inouie! vient de voir augmenter son crédit en même temps que sa dette, & que l'Administration actuelle a réussi à emprunter pour les dépenses de cette 4e année de guerre, à des intérêts moindres de 1 & $\frac{3}{10}$ pour cent que ses prédécesseurs n'avaient payé pour l'emprunt de la 4e année de la dernière guerre avec la France. En effet, si l'on prend en considération, non-seulement la différence de l'escompte, mais l'époque à laquelle commençaient à courir les intérêts, & surtout

elle approvisionnait ses armées, & acquittait les salaires de tous ses agens.

---

tout la part qu'on accordait alors aux prêteurs sur le bénéfice des loteries; on verra que les intérêts de l'emprunt de 1778, c'est-à-dire de la première année de l'avant-dernière guerre avec la France, montèrent à . . . . £.4 19 8

Tandis que ceux de la quatrième & dernière année de cette même guerre s'élevèrent à . . . £.6 0 0

En passant ensuite à la guerre présente; on verra que, malgré l'augmentation du capital de la dette, les intérêts des nouveaux emprunts ont été infiniment moindres, puisque ceux de l'emprunt de la première année ne se sont élevés qu'à . . . . £.4 3 4

Et ceux de l'emprunt de la quatrième année à . £.4 14 0

Qu'auront dit ceux des Français qui avaient prophétisé le discrédit prochain & inévitable de la Grande-Bretagne, lorsqu'ils auront appris par les derniers papiers que sur la seule garantie de ce crédit, qu'ils appellent *épuisé*, le Gouvernement Britannique a pu se procurer la somme immense de 18 millions sterl. à un intérêt moindre que la maison de commerce réputée la plus solide n'aurait pu se procurer des capitaux? Qu'auront-ils dit en apprenant que M. Pitt a réussi à emprunter pour le public cette somme immense à $\frac{3}{10}$ pour cent d'intérêts de moins qu'il ne lui en aurait coûté, même avant la guerre, pour se procurer comme individu, la millième partie de cette somme, en offrant pour hypothèque une terre parfaitement libre? Que diraient-ils enfin, si se trouvant sur les lieux, ils connaissaient la nature du grief qu'on a élevé à cette occasion contre le Ministère; s'ils entendaient l'Opposition lui reprocher de n'avoir pas su profiter de l'empressement des prêteurs, & de la confiance que placent les riches dans le crédit de la nation, pour se procurer ces 18 millions à des conditions plus avantageuses encore?

Mais combien ne seraient-ils pas encore plus frappés de surprise, s'ils pouvaient voir par leurs propres yeux, que toutes les nou-

Ou il faut renoncer aux premiers élémens du calcul, ou il faut convenir que, lorsqu'à l'échéance de pareilles *promesses*, l'administration qui les a signées, se libère en n'en acquittant que la 100e partie ; le peuple qui les reçut, & qui, dans un accès prolongé de crédulité, avait ainsi livré à crédit ses denrées, ses productions, & tant de services dont la banqueroute lui enlève à jamais le rembours ;—ce peuple, dis-je,

---

velles taxes qui s'élèvent à plus de 3½ millions sterl. n'ont suscité aucune clameur, & qu'elles ont pu être assises de manière à porter presque exclusivement sur les classes riches ou aisées ? Que dis-je ! On sait déjà que sur le nouveau subside que ces classes viennent de fournir au Gouvernement il se propose d'appliquer environ 1 million sterl. en primes sur les bleds étrangers, afin de faire baisser le prix du pain. Je n'ai pas besoin de faire observer que comme ce million se répartira avec une parfaite égalité numérique entre tous les individus du Royaume, & qu'il est exclusivement fourni par les contribuables en raison de leurs facultés ; dès que tous les consommateurs en profitent, on ne peut l'envisager que comme un sacrifice fait à la classe du pauvre par les classes aisées.

Que les Français méditent sur ce nouvel exemple des ressources de la Grande Bretagne ; & qu'ils se demandent si c'est en épuisant ses ressources qu'ils l'améneront à déserter lâchement la cause de ses Alliés dépouillés & la sienne propre. Mais sur toutes choses que leur *Directoire suprême* fasse démentir, s'il le peut, tous ces faits authentiques avant d'entretenir ses compatriotes de l'impuissance de la Coalition. Voici comment s'exprime à ce sujet le dernier journal du *Rédacteur,* papier officiel qui est exclusivement sous les ordres du Pouvoir Exécutif, & qui répond à la Gazette de la Cour sous l'ancien régime. *L'état de détresse des Puissances de l'Italie ;* L'ÉPUISEMENT DES FINANCES MEME DE L'ANGLETERRE ; *tout concourt à nous faire espérer qu'il ne nous suffit plus que de prendre une attitude ferme & respectable, & de nous préparer vigoureusement à la guerre par un dernier effort, pour obtenir bientôt, par la paix,* L'INDEMNITÉ *de tous nos sacrifices.*

aura fait précisément les mêmes sacrifices qu'auront fait ses adversaires, en accordant à leur administration, à diverses époques, un subside de 198 millions sterl. que celle-ci reversait parmi les contribuables en payant comptant tous ses approvisionnemens, & tous leurs salaires. Je soutiens, qu'en pareil cas, les sacrifices réels des deux peuples belligérans auront été arithmétiquement les mêmes, & qu'il n'y aura entr'eux qu'une seule & unique différence ; c'est que l'un des deux se trouvera avoir fait les fraix de la guerre *par corvée*, tandis que l'autre aura fait les mêmes fraix *à prix d'argent.*

Mais, si sous ce premier rapport les sacrifices paraissent avoir été les mêmes, leur différence est incommensurable sous le rapport le plus important pour les destinées futures des deux nations. Chez celle où cet énorme subside se sera levé graduellement, à l'aide d'impôts assis avec réflexion, & répartis en raison des facultés, ces impôts auront diminué, mais non épuisé le revenu des contribuables ; & ces derniers, en acquittant les nouvelles taxes, ne feront en quelque manière que se payer à eux-mêmes les intérêts des 198 millions sterl. qu'ils prêtèrent à leur Gouvernement. Chez l'autre Nation, où le subside tout entier aura été extorqué subitement, à la fois, & à l'aide de la banqueroute du papier-monnaie ; tous les fraix de la guerre se trouveront répartis au hasard, & sans égard aux facultés relatives de ceux entre les mains de qui se trouvera le papier au moment de sa démonétisation. Là, tel individu pauvre & crédule, qui aura toute sa petite fortune en portefeuille, se verra tout-à-coup réduit à la dernière misère ; tandis que tel autre contribuable, fort riche en fonds de terre, & qui s'était constamment défié du papier-monnaie, ne se sentira pas même atteint, pour ainsi dire, par le décret qui aura ruiné de fond en comble toutes les familles qui n'auront point pu suivre son exemple. Ce funeste décret ne renversera pas seulement toutes les proportions des fortunes ; il arrêtera soudainement dans leur cours toutes les entreprises d'industrie. En décrétant ainsi sa propre banqueroute, cette aveugle Administration aura cru se libérer de l'engagement d'acquitter les folles dépenses du passé ; mais l'énorme déficit des contributions présentes, ne tardera pas à la plonger dans l'impossibilité absolue de pourvoir aux dépenses indispensables de l'avenir. Elle aura ruiné, pour un siècle peut-être, le peuple même dont l'aisance faisait son unique soutien. En vain essayera-t-elle de lui persuader que la démonétisation du papier-monnaie ne lui enlève que des *richesses artificielles* ; les classes ruinées lui demanderont avec fureur si elles ne lui avaient pas délivré toutes leurs *richesses réelles* contre ces prétendues *richesses artificielles ?* elles lui prouveront que cette banqueroute a tari jusques dans leur source les moyens même de réparer les désastres de la guerre.

Mais que sera-ce si cette source se trouvait desséchée avant même qu'une guerre aussi désastreuse fût terminée ; avant qu'on connût les conditions auxquelles l'ennemi sera disposé à y mettre un terme ? Que sera-ce sur-tout, quand ce malheureux peuple s'appercevra que dans le rêve d'opulence intarissable où l'avaient plongé ses Chefs, il a tellement méprisé le signe représentatif de richesses adopté par les autres nations, qu'il a laissé couler presque tout son numéraire chez elles ? Que sera-ce enfin, lorsque, pour reprendre son équilibre monétaire, & son rang politique parmi ses voisins, ce peuple, complettement ruiné au-dedans, se verra encore condamné à des efforts continus & surnaturels, pour repomper lentement son numéraire du dehors ? Alors, mais alors seulement, ce peuple crédule ouvrira les yeux ; (1) il maudira les imposteurs qui

(1) Il y a dans l'excellent ouvrage de M. Necker sur *l'administration des finances de France*, un exemple qu'il présente comme hypothèse, mais dont les Français ne tarderont guère à se faire eux-mêmes la triste application.

Il suppose d'abord un pays égal à la France, ignoré jusques-là du reste du monde, & dont dix mille marcs d'argent composeraient tout le numéraire.

Par une seconde supposition, il rapproche tout-à-coup de notre Continent ce pays inconnu, & qui, avec si peu d'or & d'argent, n'était pas moins heureux & florissant ; & il dit : *Mêlé bientôt dans les combinaisons politiques, ses voisins étudieront sa faiblesse, & chercheront à en profiter : ils appercevront, que, dénué d'or & d'argent, ce nouvel Etat ne pourra de long-temps soudoyer aucune armée hors de ses frontières : ils iront plus loin, & ils calculeront que dans un pays où la rareté des espèces entretient à très-bas prix tous les biens de la vie, l'on peut, avec une petite somme d'argent, y rassembler des provisions, y établir des magasins, y corrompre, s'il le faut, les généraux, les soldats, les ministres, & joindre, en un mot, à la force militaire, tous les autres moyens de conquête.*

En citant cet exemple, qui me paraît singulièrement applicable aux circonstances où va se trouver la France, je ne prétends point adopter les opinions que M. Necker avance dans ce même Cha-

ont pu le séduire, en lui faisant croire qu'ils le conduiraient à la liberté sur les ruines de toutes les propriétés. Il les appellera à un compte terrible pour l'avoir entraîné à une guerre de conquêtes. Que nous importe, leur criera-t-il, si vous n'avez dépensé que la même somme que nos ennemis? Ils ont eu soin de ne faire la guerre que sur leurs revenus; & vous, vous avez trouvé le funeste secret de la faire avec nos capitaux. En nous paralysant, vous vous êtes paralysés vous-mêmes.

Tel sera, que dis-je! tel est déjà pour la République Française, l'effet de la dépréciation de ses assignats, & de leur inévitable anéantissement. C'est à ses malheureux citoyens que j'en appelle. Qu'ils prononcent eux-mêmes s'il est vrai, comme M. de Calonne *n'hésite point à le soutenir*, que l'anéantissement des assignats *qu'on veut*, dit-il, *faire envisager comme le principe de la détresse de l'Etat*, SERA PLUTÔT LE PRINCIPE DE SA LIBÉRATION. Ou qu'ils déclarent, s'il n'est pas bien plus vrai, comme le Rapporteur du Conseil des Anciens vient de le leur révéler le 3e Décembre, que *le discrédit des assignats est la plaie la plus profonde, la seule plaie de la Ré-*

---

pitre, où il envisage l'introduction & l'accroissement annuel de l'or & de l'argent comme l'un des objets les plus importans de l'économie politique. Je suis tous les jours plus convaincu, au contraire, que la richesse relative de deux nations consiste infiniment moins dans la masse des métaux précieux qu'elles accumulent & possèdent, que dans les autres moyens qu'elles ont en réserve d'appeler ces métaux à leur secours, & de les commander au besoin.

publique, celle qui appelle toute l'attention du Législateur, toute l'activité du Gouvernement, toute l'inquiétude, tout l'intérêt des citoyens . . . . & qu'enfin le terme de ce discrédit pourrait devenir *le terme futur de sa liberté & de son existence politique.*

Je m'en réfère exclusivement à ce rapport précieux (1), & à ceux qui le suivront bientôt, pour

---

(1) Le tableau que ce même Rapporteur a ajouté sur l'état actuel de la France, ne réalise déjà que trop celui que je viens d'en tracer pour l'avenir ; puisqu'après avoir avoué qu'on ne peut pas calculer qu'il existe plus de 300 millions de numéraire en circulation, il procède ainsi : " Sans doute le temps ramènera le numé- " raire ; mais il ne le ramènera qu'avec les efforts de notre " industrie, & notre industrie sera long-temps sans vigueur & sans " mouvement.—Si le numéraire manque à la circulation, les " contributions directes & indirectes tomberont. Au lieu de les " relever au taux où elles étaient fixées, il faut que vous les " réduisiez peut-être de moitié. Donc, si vous exigez la contri- " bution sur le pied de 1790, vous anéantirez l'agriculture, qui " ne paraît en effet prospérer que parce que, d'un côté, les contri- " butions sont nulles, & que de l'autre les prix des baux sont " réduits à rien. Où il n'y a ni circulation ni industrie, il ne " peut y avoir accumulation de capitaux. S'il n'y a pas accu- " mulation de capitaux, il n'y a ni placemens à attendre, ni " entreprises à former.—Et c'est *dans un pareil état de choses,* " ajouta l'orateur, *qu'on croirait pouvoir obtenir des compagnies de* " *commerce non encore formées !*"

D'après cet extrait, les lecteurs ne s'attendent guères que ce nouveau rapport est, comme tous les précédens, un alliage informe des principes les plus raisonnables & des applications les plus absurdes. Qui croirait par exemple qu'après avoir conjuré ses Collègues, de ne pas se livrer *à une impulsion irréfléchie,* & de ne *point abandonner au hasard les destinées de la France,* le Rapporteur ait ajouté à ces conseils de la sagesse les paroles suivantes :—

décider la controverse que l'auteur du *Tableau de l'Europe* a jugé à propos d'élever avec moi. J'aime

---

" La destinée de la République n'est pas d'être toujours dirigée
" par de *froids calculs, & sauvée par de laborieuses conceptions.*
" *Il est,* s'écrie-t-il, des *inspirations soudaines* qui ébranlent forte-
" ment les imaginations, tourmentent les cœurs du besoin de se
" répandre, de déployer leur énergie, & *reculent par elles les bornes*
" *du possible.*"

Pour comprendre ce morceau lyrique, il faut savoir que le Conseil des Anciens a choisi pour scrutateur de ses finances, le Député *Le Brun*, le poëte le plus distingué de la République. Dès-lors, on trouvera moins étonnant que, ne pouvant *sauver* les finances par des *froids calculs* & de *laborieuses conceptions*, il ait invoqué à son secours ce que les poëtes appellent des *inspirations soudaines qui ébranlent fortement les imaginations.*

Reste à savoir si ce mouvement de verve du Poëte, réussira *à reculer* pour la France, ce qu'il appelle comme financier, les *bornes du possible.* En attendant, il peut se vanter d'avoir élevé le Directoire à la hauteur de son style ; puisque, dans le message que celui-ci adressa aux deux Conseils trois jours après, ce Directoire invoque *quelque ressource inattendue qui sorte pour ainsi dire avec la rapidité de l'éclair du génie de la liberté.*

Si l'on veut juger à quel point le *Génie de la Liberté,* & sur-tout *le Génie de la Poësie,* ont réussi à inspirer les membres du Directoire suprême, il n'est pas indifférent de jeter les yeux sur les passages suivans de *l'instruction solennelle* qu'ils viennent d'adresser *aux Commissaires Nationaux.*

Marqués au front comme le premier homicide, les Emigrés *sont, comme lui, condamnés à errer sans cesse : maudits comme lui, dans le monde entier, vagabonds comme lui, ils ne reposeront que dans le tombeau . . .*

Pour écraser le Royalisme & l'anarchie, pour détruire l'agiotage, pour rendre à la nation sa physionomie, à la révolution sa moralité ; pour rappeler la confiance, & ramener l'abondance ; pour éteindre le volcan de la Vendée ; pour terminer cette guerre funeste qui menace

à croire qu'il a des occupations trop variées pour prolonger davantage un polémique hebdomadaire dans ces papiers publics dont il parle avec tant de mépris. Mais comme mes habitudes & mes goûts m'éloignent également de ce genre contentieux ; j'espère qu'il ne me cherchera aucun autre motif, si je décline à l'avenir une lutte si disproportionnée. Il comprendra aisément que plus je me croyais sûr de l'exactitude de mes calculs sur l'épuisement de la République Française, plus j'ai dû m'attacher à les défendre, au moins une fois, contre le financier le plus consommé dont sa patrie s'honore. La facilité de son style, l'élégance & le coloris qu'il sait répandre sur cette matière aride, seront pour moi un avertissement con-

---

de dépeupler l'Europe, une seule chose suffit ; C'EST DE VOULOIR SINCÈREMENT, FORTEMENT, UNIQUEMENT—*Cette volonté, quand vous en serez* ENIVRÉS, *vous la ferez passer dans l'ame des administrés.*

En vain l'Univers s'armerait tout entier contre la République : la République triomphera de l'Anglais, de l'Autrichien, elle triomphera de l'Univers.

Agens du Gouvernement, jurez en notre nom, qu'avant qu'un Roi puisse rentrer en France, Paris imiterait Sagunte ; & la France entière deviendrait une Vendée Républicaine . . . Nous avons traversé des fleuves de sang pour arriver à la République ; il faudrait traverser un mer de sang pour retourner à la Royauté.

Croyez-vous que la dent dévorante des Royalistes & des Rois vous épargnerait ?—SI VOUS N'AVEZ PAS FAIT LA RÉVOLUTION, VOUS L'AVEZ LAISSÉ FAIRE. *Cet argument terrible serait votre arrêt de mort.*

Cette instruction politico-pastorale est signée *Rewbell, Président* ; & l'on voit qu'il aurait fort bien eu le droit d'ajouter—*du Directoire de la langue & de l'éloquence de la République Française.*

tinuel de ne plus lui opposer une pesante & sèche discussion. Je me souviens d'ailleurs comment il triompha d'un adversaire, qui ne sut lui alléguer que des faits ; & je n'oublierai jamais l'éclat avec lequel il opposa ce qu'il appelait une *large économie*, à l'étroite sévérité d'un banquier de Genève. Je ne sais si, pour la peine qu'il prend à supposer des ressources inépuisables aux nouveaux Législateurs Français, ceux-ci n'auront point la gratitude de décréter que, *dans aucun temps, il ne cessa de bien mériter de la République*: mais quoique je ne prétende point insinuer qu'il aspire à cette nouvelle couronne, je prévois que les biographes futurs seront embarrassés à expliquer quelques circonstances de sa carrière politique. « L'une des bizarres destinées de ce Ministre d'Etat, diront-ils, fut d'avoir ouvert la révolution, en révélant aux Notables, qu'ils ne devaient point se laisser abuser par la prospérité apparente de l'Empire Français ; & que cet Empire était prêt à s'écrouler sans quelque secours extraordinaire, puisque ses revenus ne pouvaient point suffire aux dépenses ordinaires de paix. Victime de la Révolution qu'entraîna cet aveu, il reparut sur la scène au moment où les auteurs de cette Révolution s'écriaient qu'elle allait *périr par les finances*. Au moment où la France, devenue République, n'avait plus ni commerce, ni manufactures, ni revenus, ni numéraire, il annonça hautement aux ennemis de cette République qu'elle ne s'écroulerait point par les finances ; que, bien que ses ressources parussent épuisées, elles étaient inépuisables ; & qu'elles pouvaient suffire non-seulement

aux

aux dépenses ordinaires de paix, mais aux dépenses extraordinaires d'une guerre générale. Etrange disposition d'avoir montré tant de terreur en 1787, & tant de confiance en 1795!"

J'ai prouvé jusqu'ici mes assertions par des faits : je vais suivre la même méthode.

Dans mon écrit *sur les assignats* j'avais avancé, que leur valeur *baisserait de 50 pour cent tous les deux mois*. C'était vers la fin de Mars que je calculais leur dépréciation progressive; & à cette époque, ils valaient encore 10 pour cent contre l'espèce. D'après mon calcul, ils ne devaient donc valoir que 5 pour cent à la fin de Mai, 2½ pour cent à la fin de Juillet, 1¼ à la fin de Septembre, & $\frac{5}{8}$ à la fin de Novembre. Je me suis trompé de trois jours, je l'avoue ; car ce n'a été que le 3 Décembre (1) que les assignats ont été réduits précisément à $\frac{5}{8}$ pour cent.

J'avais ensuite annoncé qu'à la fin de l'année il y aurait en circulation *une nouvelle masse d'environ 5 milliards*, outre les 12 milliards qui circulaient vers la fin de Juin : ici mon erreur a été plus grande ; puisqu'au 13 Novembre, époque où la Commission du Conseil des 500 a fait son rapport, il y avait environ 29½ milliards d'émis depuis l'origine des assignats ; surquoi, il n'est pas indifférent d'observer, que du 1er Septembre 1790, jusqu'au 1er Septembre 1793, on en avait émis 6 milliards ; dans les 16 mois qui sui-

(1) C'est ce jour-là que *Lafond-Ladebat* a dit, dans le Conseil des Anciens :—*L'homme qui reçoit aujourd'hui dix millions à la Trésorerie Nationale, ne reçoit réellement au change actuel de cinq huitièmes pour cent que soixante-deux mille cinq cent livres.*

virent on n'en a émis que $3\frac{1}{2}$ milliards, & que tout le surplus a été émis & dépensé pendant l'année 1795 (1).

(1) Il n'est pas inutile d'observer que cette masse énorme n'a point suffi à toutes les dépenses du Gouvernement ; car j'apperçois par les derniers rapports, qu'il a émis en même temps des *bons aux porteurs*. Au surplus, la France doit au fameux *Cambon* une découverte bien plus importante encore. A peine la Convention l'eut-elle libéré de ses fers avec la foule des autres Terroristes, que, pour premier usage de sa liberté, il a eu l'ingratitude de révéler le grand secret des financiers qui lui avaient succédé. C'est aux Rédacteurs des Papiers publics, qu'il s'est adressé directement pour se plaindre, de ce que depuis son administration *on créait & émettait de nouveaux assignats sans en parler à la Convention* ; mais sur toutes choses, de ce *qu'on avait créé une* NOUVELLE MONNAIE *en se servant des inscriptions sur le Grand Livre*. Et certes il était bien en droit d'annoncer aux rentiers, comme il le fit, que *cette mesure devait les inquiéter*, s'il est vrai, comme il l'a affirmé, qu'*on ne connaisse point le montant de cette somme considérable dépensée en* INSCRIPTIONS ; c'est-à-dire inscrite, comme intérêts dus par le Gouvernement, pour un capital qu'il n'a jamais reçu.

Le nouveau Corps Législatif, en affectant de tout révéler, & en reconnaissant que depuis le mois de Septembre 1794, jusqu'en Octobre 1795, on a émis 19 milliards & demi d'assignats, n'a point jugé à-propos de se faire indiquer le montant *des inscriptions* dont parle Cambon : cependant cela aurait été d'autant plus indispensable pour connaître l'état de la dette, & celui des dépenses, que chaque fois qu'on aura inscrit 30 millions d'intérêts sur le Grand Livre, cette dépense, indépendante du papier-monnaie, aura correspondu à une émission d'un milliard d'assignats.

Dans son rapport du 13 Novembre, *Eschassériaux*, après avoir gardé sur l'accroissement des intérêts de la dette, sur leur montant, & sur celui des inscriptions au Grand Livre, un mystère non moins profond que sur le revenu des biens nationaux, ne s'en est pas moins écrié avec effronterie dans le Conseil des 500 :—*Voilà, Citoyens, ce bilan que l'on a si souvent demandé, & sur lequel la défiance avait fixé depuis long-temps tant d'incertitudes !*

J'annonçai encore que, si je me livrais à mes calculs, j'avais lieu de présumer que *l'émission du mois de Décembre s'éleverait seule à 9½ milliards.*—Je ne sais pourquoi j'avais ajouté que *je ne regardais point un pareil événement comme possible* ; si je me suis trompé, ce n'a été que pour avoir pu douter de cette possibilité ; puisqu'au commencement de ce même mois de Décembre le Ministre des Finances vient de déclarer à la France que *cent millions d'assignats par jour n'ont pas, jusqu'ici, suffi au tiers des besoins* ; ce qui porte les besoins de ce mois à 9 milliards & $\frac{3}{10}$: encore le Ministre a-t-il avoué que cela *ne suffisait pas* ; & nous venons d'apprendre que les besoins du mois suivant exigeront 22 milliards !

J'avais dit que les *cinq moyens*, adoptés par la Convention pour arrêter la dépréciation de son papier, & pour le repomper, seraient non moins insuffisans qu'ils étaient injustes, & qu'elle serait forcée d'y renoncer.—Tous ces moyens ont été successivement abandonnés.

J'avais dit de même que leur adoption momentanée ne ferait *qu'accélérer la crise* qu'on cherchait à éviter ; que cette crise arrivait à grands pas, parce que *d'émissions en émissions il ne serait bientôt plus possible d'en faire de nouvelles*, & que la valeur des assignats ne suffirait pas long-temps *aux salaires de leurs vérificateurs, & aux frais de leur fabrication*. J'aurais sans doute rencontré plus juste, si j'avais osé dire ce que je soupçonnais, savoir, que cette fabrication serait suspendue par le défaut de papier pour imprimer des assignats en proportion des besoins. C'est-là cependant ce que *Dubois Crancé* a révélé, vers la fin d'Octobre, en publiant que *le Gouvernement avait été sur le point de faire banqueroute par le défaut de papier à fabriquer en quantité suffisante pour le service* (1). Et cet aveu s'accorde bien avec celui qu'a fait le Ministre des Finances cinq semaines après, en informant le Directoire que *la connaissance que l'on a d'une nouvelle papéterie destinée à multiplier les assignats, produisait à la bourse les effets les plus funestes.*

Enfin, j'ai osé pronostiquer qu'avec l'anéantissement de la monnaie Révolutionnaire *s'évanouira le dernier charme de la Révolution pour ceux qu'elle avait enrichis, qu'elle fait combattre & qu'elle soudoie*;—que, comme le Gouvernement ne pourra découvrir aucun moyen pour salarier ses nombreuses armées, elles se dissoudront, faute de paie; que le cri du malheureux peuple Français forcera inévitablement ses Chefs à acheter la paix par le *sacrifice absolu de toutes leurs conquêtes*; & que, pour les amener à ce sacrifice, l'Angleterre n'aura qu'à repousser toute négociation, *dont cette offre ne serait pas la base.*

---

(1) Ce que *Dubois Crancé* n'a point révélé, & que je tiens d'une personne digne de foi; c'est qu'à l'époque dont il est question, à défaut de papier on se trouva réduit à se servir de mousselines; que dans plusieurs villes, telles que Rheims & Nancy, le peuple a refusé de recevoir en échanges, soit papier, soit mousselines; & qu'enfin la défiance des habitans des campagnes a été peu à peu portée à son comble, puisque *Giraud* s'est plaint le 24 Octobre de ce que les agriculteurs refusaient d'accepter des assignats, en répondant *qu'ils en prendraient si leurs chevaux en mangeaient.*

Je ne ſaurais mieux appuyer ces pronoſtics qu'en reprenant le journal des opérations financières de la Convention au 6 Septembre, époque où j'en ai laiſſé l'hiſtorique.

Dès le 20 Octobre, *Vernier* préſenta ſur les finances un nouveau rapport, dans lequel il ſe plaignit, comme tous ſes devanciers, de ce que juſqu'alors *on avait pris la chimère pour la réalité.* Il fit plus cependant ; il offrit enfin au *Corps politique une guériſon plus lente, mais infaillible.—Les défiances, les troubles qui nous ont déchirés ſont,* dit-il, *la ſeule cauſe du diſcrédit dont on ſe plaint; & elle ceſſera avec le rétabliſſement de l'ordre, de* LA PAIX, *& un bon Gouvernement* (1).

Après avoir renvoyé à cette grande époque le retour du crédit, il préſenta ſur le *diſcrédit* des aſſignats la même eſpèce de conſolation que M. de Calonne a ſi bien développée. Il obſerva que 450 millions en

---

(1) Terminer la guerre au-dehors par une *paix* prompte & ſolide : voilà ſans doute, comme le reconnaît *Vernier*, le premier, & même l'unique moyen de rendre aux aſſignats un crédit quelconque. Cependant le Député *Chapelain* vient d'en indiquer un autre, qui, bien qu'il paraîtra nouveau, ne me ſemblerait ni moins urgent ni moins efficace.—" Terminer la guerre civile," a-t-il dit le 5 Novembre ; " cette opération eſt la plus certaine " pour rappeler la confiance au papier. *En détruiſant Charette,* " *nous rapprocherons l'aſſignat du pair.*"

Ce *Chapelain*, député de la Vendée, n'héſita point à accuſer la Convention de cette guerre déſaſtreuſe, qui, à l'entendre, avait ſuivi *les phâſes d'un Gouvernement tantôt furibond, & tantôt indolent, tantôt aveugle exterminateur de tout le monde, & tantôt humain, mais faible & trompé par des brigands.* Ce portrait, fait d'après nature, eſt aſſez piquant.

numéraire *suffiraient pour les éteindre.* Cependant, comme il ne savait où les trouver pour le présent, il en assura le remboursement futur sur les biens nationaux tant de la France, que de la Belgique & de St. Domingue, qu'il évalua à dix milliards en espèces. *Ainsi,* ajouta-t-il, *si l'on ne porte la masse des assignats qu'à* 20 *milliards, comme on l'espère, les porteurs auront entre leurs mains* LA MOITIÉ *de leur valeur nominative.*

Que d'illusions ont été détruites pendant le cours de la dernière campagne! Toute mensongère qu'est cette nouvelle estimation, quel triste rapprochement n'offre-t-elle pas avec ce qu'avait dit *Johannot* dix mois auparavant; lorsque, sans parler des biens de la Belgique & de St. Domingue, il certifia que la valeur des Domaines Nationaux était *double* de la valeur nominale des assignats! On se rappelle comment il s'était fait couvrir des applaudissemens de la Convention, en demandant à l'univers: *Jamais papier-monnaie a-t-il porté sur une base aussi solide!*

Il n'est pas indifférent d'indiquer ici que le rapport de Vernier sur l'immense augmentation du gage des assignats avait été précédé d'une observation de son Collègue *Louchet,* qui en avait détruit les bons effets six jours à l'avance. *Quoi!* avait-il dit dans un mouvement involontaire de surprise & de dépit,—*la réunion des pays conquis jusqu'au Rhin assure un nouveau gage, un gage immense à nos assignats, & leur discrédit augmente plus que jamais!*

Il est vrai, que de peur que l'augmentation de ce discrédit ne replongeât l'Assemblée dans ses premières alarmes, *Garnier* avait essayé de remonter le courage ébranlé de ses collègues, en leur disant le 22 Octobre : *Nous seuls triompherons ; nous serons les dominateurs de la terre pour le bonheur du monde.*

Mais deux jours après ces jactances de Garnier, & les impostures que venait de débiter Vernier sur l'immensité du gage des assignats ; on n'entendit plus que des cris de consternation sur l'impossibilité de prévenir une famine, à moins de trouver des fonds pour acheter des grains au-dehors. *La misère du peuple est à son comble,* s'écria Roux ; *il est dans votre cœur de la soulager.* Hardy ne craignit point d'appuyer cette assertion, en révélant un trait qui fait frémir. *Les départemens n'ont point de pain,* s'écria-t-il ; *& il y a quinze jours que Rouen n'en a pas une bouchée.* Marec se leva pour justifier l'administration, en annonçant qu'elle avait *acheté dix millions de quintaux de grains dans le Nord, & qu'ils seraient déjà entrés dans les ports Français, si les Etats de Hollande eussent acquitté les inscriptions tirées sur eux au terme du traité.*

Etrange endurcissement de ces Législateurs ! Ils annoncent enfin à leurs ennemis qu'ils sont *convaincus depuis très long-temps que la Contre-révolution se fera par le renchérissement effrayant de toutes les denrées* (1) : ils publient qu'ils se trouvent déjà dans les serres de la famine (2). Cependant, loin de travailler à s'en

(1) Hardy, le 24 Octobre 1795.

(2) Ces aveux imprudens ont déjà été répétés sous mille formes dans les deux nouveaux Conseils Législatifs. Dès le 13

délivrer, en traitant avec leurs ennemis, ils vont s'acharner à poursuivre la guerre qui l'accélère ; & nomment une Commission pour leur indiquer les moyens de la continuer sans relâche !

Ces Commissaires n'eurent besoin que de quelques heures pour découvrir les nouveaux moyens qu'on leur demandait : se réunissant à envisager la résurrection du maximum comme la grande ressource de salut, ils proposèrent sans balancer que *le prix de tous les salaires, denrées & marchandises de première nécessité, toutes productions territoriales ou industrielles, ou importées par la voie du commerce, fût fixé à une valeur décuple de celle que ces objets avaient en Septembre 1790.*

Novembre, *Le Cointre* a annoncé que, *si l'on ne prenait pas des mesures puissantes & vigoureuses, la République périrait infailliblement par les subsistances.*

Ainsi tous les grands médecins de cette République naissante se réunissent pour la déclarer atteinte d'une maladie mortelle. Ils ne diffèrent que sur le nom qu'on devrait lui donner. *Le Cointre* l'appelle *défaut de subsistances ;* on verra bientôt que *Rewbell* la nomme *désertion des défenseurs de la patrie :* mais tandis que le gros de la foule l'appelle *désorganisation des finances,* le plus expert, *Colombel,* atteste que le siége du mal est dans l'opinion publique, qui, à l'entendre, est tellement dépravée, que *c'est un deshonneur dans quelques départemens de se dire* RÉPUBLICAIN. Au reste, peu importe le nom qu'il convient de lui donner : ce dont il s'agit, c'est de découvrir la cause du mal ; or je n'hésite point à l'attribuer au régime Républicain. J'affirme que ce n'est qu'en y renonçant le plus promptement possible, qu'on mettra ce corps politique à l'abri des excès qui le minent, & qu'on pourra lui rendre peu à peu une constitution vigoureuse.

Ce nouveau maximum allait passer par acclamation, lorsque *Loiseau* réussit à l'écarter le 25 Octobre; bien moins, il est vrai, par la considération de ce qu'il aurait de désastreux, qu'en démontrant que toute loi pareille était désormais inexécutable. — *Ne vous a-t-on pas dit à cette barre*, s'écria-t-il, *que pour que le maximum fût exécuté, il faudrait établir une guillotine à la porte de chaque marchand?* Giraud appuya cette déclaration en ajoutant: *Ne savez-vous pas tous, Citoyens, que dans le même moment où, à l'aide des Comités Révolutionnaires, des armées Révolutionnaires, & des tribunaux Révolutionnaires, on faisait exécuter le maximum par quelques individus, le Gouvernement faisait acheter au-dessus du maximum? N'étiez-vous pas tous obligés, sous peine de mourir de faim, de violer vous-mêmes la loi que vous aviez faite? Je ne vous dirai qu'un mot: sans maximum vous payerez tout fort cher, & avec le maximum vous mourrez de faim.*

Il me semble en effet qu'il y a dans ce seul *mot*, de quoi rassurer pour long-temps la France, sinon contre toute tentative en faveur du Maximum, du moins contre la possibilité de l'exécuter. Non content d'avoir démontré cette impossibilité, *Giraud* alla bien plus loin: *Je ne crains pas de le dire*, s'écria-t-il, *si la Contre-Révolution est possible, le décret proposé par la Commission des Cinq l'opérerait*.

Ainsi placée dans l'inévitable alternative d'*opérer la Contre-Révolution* en remédiant au désordre des finances, ou de la voir s'opérer d'elle-même par le seul effet de ce désordre, si l'on n'y remédiait pas; la Convention déconcertée résolut de suppléer au maximum en décrétant, pour l'année 1795, une *taxe extraordinaire de guerre de 20 liv. en assignats pour chaque 20 sols de contribution foncière.* Ce fut le Député Hardy qui lui arracha ce décret, pour ainsi dire, de vive force, en lui rappelant qu'il *s'agissait d'assurer au Gouvernement de quoi faire les frais de la campagne prochaine.*

Maintenant, si l'on veut apprécier ce qu'elle pouvait s'en promettre pour *les frais de la campagne prochaine*, il suffira d'observer ; 1°, que si ce subside n'avait pas été abandonné peu après, & qu'il eût fait rentrer, comme on s'en flattait, huit milliards en assignats, ces huit milliards auraient à peine suffi aux dépenses du mois de Novembre ; 2°, que, bien loin que cette taxe, en apparence si rigoureuse, méritât le nom de *taxe extraordinaire de guerre* qu'on lui donnait, elle n'eût produit que les quatre cinquièmes de la taxe ordinaire de paix, puisque, vû la dépréciation des assignats, il aurait fallu non-seulement vingtupler, mais centupler la contribution foncière de 1795, pour la rendre égale à la contribution de paix de 1790.

Telle est la dernière & brillante opération de finances, par laquelle la Convention, après avoir *assuré les fonds de la campagne prochaine*, a terminé la longue session que le Député Louvet appelle une *session immortelle*; *& qui s'offre à l'historien*, dit-il, avec raison, *comme l'un des plus grands sujets qui puissent être traités pour l'instruction des peuples à venir.*

Voyons maintenant si le nouveau Corps Législatif aura réussi à surpasser ses *immortels* prédécesseurs dans la carrière des finances.

Et d'abord il faut lui rendre une justice qui lui est due : c'est que les premières voix qui s'y sont fait entendre ont poussé des cris de détresse sur l'état où l'on lui remettait les finances, & sur la dépréciation toujours croissante des assignats. *Les circonstances qui vous environnent ne vous permettent pas une dangereuse sécurité*, s'est écrié Bourdon de l'Oise, dès le 31 Octobre, & avant même qu'on procédât à l'élection des membres du Directoire :—*Les Royalistes n'ont plus qu'une ressource ; c'est d'anéantir entièrement le crédit de notre papier-monnaie, & tous leurs efforts tendent à ce but. Ce matin l'agiotage est parvenu à faire monter le louis à 4200 liv.*

Le *Moniteur*, qui rend compte de cette triste ouverture des débats du Conseil des 500, reconnaît qu'à cette nouvelle désespérante ce Conseil *témoigna son indignation.* Bourdon de l'Oise en profita en homme d'état pour la faire tomber sur les dernières *mesures extraordinaires qu'on n'avait point eu le temps de réfléchir, & qui rédigées, avec précipitation, n'ont fait*, dit-il, *que servir les agioteurs & déprécier davantage la monnaie républicaine. Il faut*, ajouta-t-il, *ouvrir sur l'état des finances une discussion franche & décisive.* A ce tocsin d'alarmes la nouvelle Législature se hâta de nommer une Commission des finances ; & après avoir eu le plus grand soin d'en écarter tous les empiriques, qui jusqu'alors les avaient désorganisées, on la chargea d'examiner la nouvelle *taxe extraordinaire*, dont on décréta provisoirement la suspension. C'est dans cette séance, fameuse par les aveux qui s'y firent, que *Dubois Crancé* lui-même, comme pour donner le premier exemple de sacrifier tout amour-propre sur l'autel de la patrie, demanda l'examen de la taxe en nature dont il était l'auteur. Toutes ces propositions furent adoptées aussitôt que proposées ; & *Baudin* y mit le sceau de la sagesse, en faisant décréter en outre que la nouvelle Commission des Finances ne pourrait faire son rapport qu'en Comité Secret. (1)

Cette Commission s'est fait un devoir d'employer treize jours entiers à ce grand travail ; & malgré les cris d'urgence qui s'élevaient de toutes parts, le Conseil des 500 a mis presque la même lenteur pour l'étudier & le perfectionner. Tous Français instruits en finance, & même, dit-on, plusieurs étrangers, avaient été préalablement invités à porter le tribut de leur génie aux nouveaux Commissaires ; & le plan régénérateur, après avoir été profondément médité dans le calme du cabinet, a été enfin communiqué le 19 Novembre au Conseil des 500, puis à toute la Nation Française, afin de la rassurer

(1) Toute prudente qu'était cette précaution, elle paraît ne leur avoir pas moins nui que la publicité des précédens débats n'avait tourné à piége à la Convention. Dès le 16 Novembre le Député *Crassous* est venu dire dans le Conseil des 500 : *Citoyens ! vos intentions sont calomniées. Les malveillans de toute espèce répandent que, si vous tenez secrettes vos délibérations sur les finances, c'est que vous voulez cacher* l'EXTRÊME EMBARRAS *dans lequel ils* SUPPOSENT *que vous êtes, & préparer des mesures violentes pour en frapper subitement tous les citoyens.*

On verra bientôt à quel point les *malveillans* Français avaient calomnié les nouveaux financiers, en *les supposant dans un extrême embarras.*

en lui prouvant, que *si ses maux sont grands, ses ressources sont plus grandes encore ; qu'elle a entre ses mains les moyens de les guérir* — & ceux *de régénérer ses finances si elle le veut. — Que chaque parole qui se fera entendre contre nos ennemis communs, tonne comme un coup de foudre,* s'est écrié le Rapporteur Eschasseriaux ; *Qu'ils cessent de nourrir le vain espoir de nous vaincre par les finances.*"

Ce plan, qui devait *tonner comme un coup de foudre* sur les ennemis de la France, reposait tout entier sur une nouvelle estimation des biens nationaux, qu'on évaluait sans balancer à *plus de sept milliards, valeurs métalliques.*

Il est vrai que le Rapporteur y engloba comme *Vernier*, deux nouveaux articles, les forêts nationales & les biens de la Belgique, chacun desquels il estimait *par apperçu* deux milliards en espèces. Tel fut le riche *apperçu* qu'il termina rapidement par ces mots: *Voilà, citoyens, ce bilan qu'on a si souvent demandé, & sur lequel la défiance avait fixé depuis long-temps tant d'incertitudes. La malveillance avait su tromper la crédulité du peuple sur l'étendue de la dette publique.*

Le peuple ainsi détrompé *sur l'étendue de la dette publique,* à l'aide d'un *bilan* qui ne faisait aucune espèce de mention de la dette perpétuelle, de la dette viagère, de la dette hypothéquée sur les biens nationaux, ni des pensions ; cet habile financier fixa uniquement l'attention de l'Assemblée sur les moyens d'acquitter la dette des assignats. & après avoir déclaré que *tout moyen extraordinaire avait paru dangereux,* il proposa *la création d'un nouveau titre* appelé CÉDULES, nouveau papier-monnaie que *rien*, dit-il, ne *pourrait discréditer*, & auquel il affirma qu'*un intérêt à trois pour cent donnerait une supériorité sur le numéraire métallique*. Au moyen de ces *cédules* il proposait de briser publiquement la planche des assignats, dès qu'on aurait achevé d'en émettre pour 30 milliards; & c'étaient ces 30 milliards qu'il proposait de racheter avec 1 milliard de cédules.

Comme ce fameux projet n'est guère autre chose que celui qu'avait présenté *Johannot* sept mois auparavant; comme il a eu précisément le même sort, & qu'il n'en reste déjà plus que les aveux auxquels il a donné lieu; (1) je me bornerai à observer,— Que, sans anéantir l'ancien papier-monnaie, on prétendait le racheter avec les *cédules* à raison de 1 pour 30, & le reverser ensuite dans la circulation, afin de le racheter encore *ad infinitum* tant qu'on aurait

---

(1) On a déjà vu, p. 5 & 6, plusieurs des aveux contenus dans ce rapport. En voici quelques autres non moins naïfs : " Notre économie politique a été détruite au moment où l'ar- " gent a disparu parmi nous. L'étranger avec son or sera tou- " jours le maître chez vous ; & vous n'arriverez jamais à l'amé- " lioration de vos finances, si vous ne prenez les moyens de faire " reparaître l'argent dans les marchés & les comptoirs.

" La première richesse d'une nation, après le revenu de son " territoire & le travail de son industrie, c'est l'argent.

" Depuis trois ans, l'avilissement successif des assignats a rendu " l'impôt presque nul : *les fraix de son administration ont presque* " *surpassé la valeur de ses produits*. Le meilleur Etat assis sur un " pareil système de contributions serait bientôt ébranlé & en- " traîné dans sa chûte."

pu frapper & émettre des cédules.—Que, bien loin d'avoir trouvé quelque nouveau gage pour ces cédules, on ne leur en donnait d'autre que celui des assignats ; c'est-à-dire que, quoique l'ancienne hypothèque se fût tellement épuisée qu'elle ne représentait plus dans l'opinion que la 150e partie des 20 milliards d'assignats alors émis, on prétendait, sans augmenter cette hypothèque, porter leur masse à 90 milliards, déguisés, il est vrai, sous le masque modeste de *trois milliards de cédules :* encore conservait-on fidèlement l'un de ces trois milliards pour les défenseurs de la patrie.—Enfin, que tandis qu'on proposait l'expédient des cédules, pour se débarrasser de la dette non-exigible des assignats, on proposait de payer tous les rentiers & pensionnaires *en numéraire ou en assignats au cours* ; en sorte que si le montant de ces rentes, appelés *inscriptions*, s'élève à 300 millions, comme il y a lieu de le croire (1), & que par malheur l'assignat eût

(1) Je ne donne cette évaluation que par apperçu ; mais on ne l'envisagera point comme exagérée, si l'on considère que Cambon, dans son rapport du 15 Août 1793, fait monter les inscriptions, c'est-à-dire les intérêts de la dette Nationale, à 200 millions. On ne peut guère douter que ces intérêts ne s'élèvent aujourd'hui à 300 millions, si l'on y ajoute les pensions comme je le fais, & si l'on se rappelle avec quelle amertume le même Cambon s'est plaint de ce qu'on *avait créé une nouvelle monnaie, en se servant des inscriptions sur le Grand Livre*, depuis qu'il n'avait plus été sous sa garde. Ses successeurs se sont bien gardés de lui répondre, en publiant le montant actuel des inscriptions ; mais le public a eu dernièrement connaissance d'un fait qui peut aider à percer ce mystère. Depuis que le Directoire est institué, il a découvert que la trésorerie reti-

remonté & se fût constamment soutenu au cours de 1 pour cent contre le numéraire, on s'engageait par cela même à leur payer 30 milliards annuellement. Etrange opération que celle qui avait recours à une honteuse banqueroute, afin de se libérer des $\frac{29}{30}$ d'un capital non exigible, en prenant l'engagement de payer chaque année la totalité de ce capital, à des créanciers, vis-à-vis desquels on s'était acquitté jusques-là avec la centième partie de cette somme !

Quoique la première communication de ce vaste projet ait produit sur le public de Paris des impressions contraires d'espérance & de crainte ; (2)

---

rait encore des assignats par voie d'emprunt à 3 pour cent d'intérêts inscrits sur le Grand Livre ; ensorte qu'avec vingt sols en espèces on a pu acheter 150 liv. en assignats, & les porter aux Dépositaires du Grand Livre, qui y inscrivaient le prêteur pour 4 liv. 10 sols d'intérêts annuels. Il est vrai que, sur les instances du Directoire, la Législature, à qui il crut devoir dénoncer cet abus entre plusieurs autres, a fermé dernièrement ces emprunts : mais elle s'est bien gardée de se faire donner le bordereau des inscriptions postérieures à l'époque du 15 Août, 1793, où l'on sait qu'elles s'élevaient à 200 millions.

(2) Les papiers du jour, qui sont assez fidèlement l'organe de l'opinion publique, avaient d'abord donné une espèce d'incertitude sur le sort auquel elle destinait ce grand projet.

La Gazette *Générale de l'Europe*, du 24 Novembre, en avait pris chaudement la défense en disant : *Ce plan, sans être l'ouvrage de ce qu'il plaît à M. Pitt d'appeler notre premier financier* (le Général Montesquiou), *pourra faire passer à ce fameux Ministre quelques mauvaises nuits. Ce systême peut encore sauver la France.*

Le journal de *Perlet* l'annonçait d'une manière beaucoup plus circonspecte. *S'il est sagement combiné, il doit apporter quelque remède*

il paraît que le Conseil des 500 l'a accueilli avec une confiance plus entière & mieux raisonnée, puisque, après dix jours consécutifs de débats, il l'a adopté avec d'assez légères modifications.

Ses débats ayant été secrets ; je me suis permis, afin d'en percer le mystère, de me transporter en imagination dans le Cabinet où les cinq Sages de ce Conseil avaient médité & rédigé des mesures si régénératrices ; & j'ai cru entendre celui d'entr'eux dont le génie l'inventa, tenir à-peu-près aux quatre autres le langage suivant.

“ On ne doit désespérer de rien avec la *nation la plus crédule & la plus séductible qui existe au monde.* Le miracle qu'on nous demande est la multiplication du papier-monnaie. Comme nous ne pouvons l'opérer qu'après celui de la multiplication des biens nationaux, notre premier & principal objet doit être d'en tripler de manière ou d'autre la valeur aux yeux du vulgaire. Etalons-lui d'abord nos *nouvelles possessions de Saint*

---

remède à nos maux ; mais il les comblera peut-être aussi, s'il est mal exécuté.

La plus bizarre de toutes les opinions, fut celle du journal *des patriotes*, qui, bien que payé par le Gouvernement, s'avisa de terminer l'examen de ce plan régénerateur par ces mots : *Parturiant montes, nascitur ridiculus mus.* Cette liberté épigrammatique n'a pas laissé que de donner lieu à un débat assez vif dans le Conseil des 500, dont quelques membres insistaient pour que le Gouvernement cessât les fraix qu'il faisait en faveur d'un journal si hostile : néanmoins la grande pluralité des membres a penché pour continuer à pensionner ceux qui attaquaient le plan, & à l'adopter comme inattaquable.

Domingue? Ne vous rappelez-vous plus la confiance que placèrent nos ancêtres dans le papier ſur le Miſſiſſipi ? & ſuppoſeriez-vous que *la ſource des illuſions ſoit tarie* pour leurs deſcendans ? Si cela ne ſuffit pas, ajoutons-y les riches poſſeſſions du Clergé de la Belgique ; mais gardons-nous d'émettre aucun papier ſur cette nouvelle hypothèque ; car, pour le diſcréditer à l'inſtant même de ſa naiſſance, il ſuffirait de quelques marches forcées du Général Clairfaye. En effet, nous avons beau crier à nos Français qu'ils ſont des Romains : ne nous flattons pas que les agioteurs Pariſiens achètent par préférence les terres où ce nouvel Annibal s'aviſerait d'aſſeoir ſon camp. Il faudra donc nous borner à montrer dans le lointain ces vaſtes domaines, comme le Général Carthaginois préſenta l'Italie à ſes compagnons, c'eſt-à-dire comme une proie qui ne peut plus échapper".

" *Quand le diſcrédit s'eſt attaché à un ſigne, il ne faut ſouvent,* comme l'a dit fort heureuſement l'un de nos nouveaux financiers, *que lui en ſubſtituer un autre, ſur-tout quand le gage & les véritables motifs de confiance reſtent les mêmes* (1). J'en infère que le premier

(1) *Le Noir de la Roche.* Voyez le *Moniteur* du 21 Novembre 1795.

Il faut que les Légiſlateurs Français aient une bien haute idée de la puiſſance des mots ſur ce peuple, pour s'être flattés de lui en impoſer en métamorphoſant ſimplement les ASSIGNATS HYPOTHÉQUÉS en CÉDULES HYPOTHÉCAIRES. Il eſt vrai qu'ils viennent de faire dans ce genre deux eſſais des plus hardis, en adoptant le mot de SOMMATION, au lieu de celui de RÉQUISI-

ſoin doit être de ſubſtituer au mot *aſſignat*, celui de *cédule*. Or ſi nous pouvons émettre trois milliards de celles-ci, & ſi nous réuſſiſſons à perſuader que chacun de ces nouveaux milliards aura une valeur égale à 30 milliards d'aſſignats, nous pourrons ſans riſque briſer en public la planche de ces derniers;

TION ; & en changeant de même celui de CONTRIBUTIONS, en ceux D'EMPRUNTS FORCÉS. Que dis-je ? ne venaient-ils pas de réuſſir dans une épreuve bien autrement difficile & importante ? N'ont-ils pas donné le 26 Octobre, par un Décret ſolemnel, le nom de PLACE DE LA CONCORDE à cette PLACE DE LA RÉVOLUTION où ils avaient décrété la permanence de leurs guillotines ; à cette place de ſang ſur laquelle ils avaient égorgé froidement le ſeul de leurs Rois, qui les eût crus dignes de la liberté, & où ils ont enſuite conduit avec acclamations celui de tous ſes Miniſtres qui s'était conſtamment montré le plus fidèle ami du peuple & de ſon Souverain ; le reſpectable Malesherbes. Dieu de Juſtice ! Ils ont oſé donner le nom de *Place de la Concorde* à cette place à jamais exécrable où ils venaient de traîner au ſupplice comme les plus viles des créatures, la fille des Céſars, & cette Princeſſe auguſte que les deſcendans des révolutionnaires déifieront un jour, cette Sœur de Louis XVI. dont la réputation avait échappé au ſouffle impur de la calomnie, même à Verſailles !

Quoi ! après avoir fait pendant ſi long-temps de la *Place de la Révolution* une boucherie d'hommes ; il leur ſuffit pour la purifier, de la décorer, par un Décret, du nom de *Place de la Concorde !* Abominable hypocriſie des Légiſlateurs de la France ! & lorſque le peuple démoraliſé a la lâcheté de leur applaudir ; voyez comme ils lui rendent applaudiſſemens pour applaudiſſemens ; liſez le diſcours de ce *Baudin*, qui oſe encore parler de ces *Français ſi ſociables, ſi doux ; qu'une paſſion de plus, l'amour ſacré de la patrie, exaſpéra juſqu'au délire.* N'a-t-il pas oſé les peindre comme *malheureux par leurs propres vertus ?*

car tandis que nous inviterons ſolemnellement le peuple ébahi à accourir à ce ſpectacle qu'il demande à grands cris, nous nous réſerverons la planche des cédules, c'eſt-à-dire que nous remplacerons une planche uſée par une planche neuve. Nous ferons mieux encore : nous nous réſerverons, par le moyen des emprunts, celle des inſcriptions ſur le Grand Livre ; planche tellement féconde, qu'à l'aide d'un ſeul ſcribe, qui y inſcrira chaque jour 30 millions d'intérêts perpétuels, nous pourrons, ſinon frapper, du moins repomper ainſi chaque jour un milliard d'aſſignats, & ménager nos cédules. Si quelques porteurs d'aſſignats répugnaient à les échanger contre la cédule que nous appellerons *invariable, indépréciable* ; nous les menacerons nettement d'une démonétiſation complette. Nous dirons aux uns, que ſi les aſſignats ont eu leur baiſſe, *leur hauſſe*, à l'aide de ce remède, *aura auſſi ſa progreſſion* (1) ; nous prouverons aux autres, que nous leur offrons de leurs aſſignats diſcrédités infiniment plus qu'ils n'en tireront à la bourſe. Nous mettrons dans le plus grand jour ſous les yeux de tous ceux qui en poſsèdent la démence, qu'il y aurait à *aller encore les vendre au cours de la place quand ils recevront du Gouvernement le double en valeur réelle* (2). Pour mieux déguiſer l'étendue de notre détreſſe & celle des dépenſes futures, nous ferons les aveux les plus étonnans ſur l'excès des dépenſes paſſées. Enfin, ſi

---

(1) Phraſe du Rapporteur Eſchaſſériaux le 13 Novembre.

(2) Idem.

quelques hommes timides paraiſſent craindre que ce nouveau papier ne ſubît peu à peu la deſtinée du précédent, nous leur fermerons la bouche en nous écriant,

Qu'on ne doit point prévoir les malheurs de ſi loin.

" Que les deux Conſeils embraſſent ce projet avec confiance ; leur exemple entraînera bientôt en foule au bureau des cédules les porteurs d'aſſignats ; & nous en profiterons habilement pour crier à nos ennemis : *Ceſſez donc de nourrir le vain eſpoir de nous vaincre par les finances* (1). Les peuples coaliſés ſeront conſternés en apprenant que nous venons de découvrir une nouvelle mine auſſi riche que celle des aſſignats. Le génie potecteur de la République fera le reſte."

Je ne ſais ſi c'eſt préciſément cette chaîne d'argumens qu'on aura jugé à-propos de déployer dans le Conſeil des 500, pour lui faire adopter ce projet merveilleux ; mais je ſuis diſpoſé à le croire, lorſque je lis le préambule dont il l'a décoré en l'envoyant à la ſanction des Anciens. En voici les termes : *Le Conſeil des* 500, *conſidérant que le plus ſûr moyen, de ne laiſſer aux ennemis de la liberté Françaiſe que le déſeſpoir d'avoir inutilement tenté de la détruire, & de ſe préparer de loin des reſſources aſſurées pour faire face aux dépenſes extraordinaires de la guerre,* Décrète, &c.

Jamais projet auſſi habilement concerté n'éprouva une cataſtrophe plus humiliante que celle qui attendait celui-ci dans le Conſeil des Anciens. A peine

(1) Idem.

les cinq Membres nommés pour l'examiner eurent-ils exposé tour à tour l'injustice de *la soustraction du gage des assignats* (1), & *l'impossibilité d'exécution du plan des* cédules, qu'une foule de membres qui s'étaient faits inscrire pour l'attaquer se trouvèrent réduits au silence, en apprenant que personne ne s'était fait inscrire pour le défendre. Dès ce moment il devenait inutile de lui donner les honneurs d'un débat, & l'on ferma la bouche à *Johannot* lui-même, quoiqu'il protestât qu'il *n'avait que des choses tranquillisantes à dire*.

Après avoir ainsi renvoyé au Conseil des 500 toutes ses résolutions, sans même lui donner aucun motif de ce refus unanime; afin d'effacer l'impression qu'un semblable procédé pourrait produire sur les ennemis de la République, les refusans eurent la prévoyance de faire à l'envi chorus avec *La Fond-Ladébat*, lorsqu'il s'écria: *Il ne faut pas que les ennemis de la patrie puissent dire que nous n'avons rejeté le plan que parce que les ressources de la nation sont épuisées.—Le développement de nos ressources, notre attitude ferme & juste, leur prouveront l'inutilité de leurs efforts* (2).

---

(1) Le Coulteux.

(2) Après avoir tracé un tableau vraiment magique des ressources de la République; *Ce tableau*, ajouta-t-il, *suffit pour vous convaincre de l'étendue de nos ressources, pour vous démontrer que ce n'est pas l'impuissance de nos moyens qui nous a déterminés à vous proposer de rejeter les résolutions des* 500, *mais uniquement l'impossibilité d'exécution du plan sur lequel ces résolutions sont fondées.*

Quand le refus des Anciens fut annoncé dans le Conseil des 500, on s'y attacha avec un égal soin à répéter le même langage. *Ce refus ne doit point porter le découragement parmi nous*, dit Villers. *Il faut chercher dans une discussion, plus approfondie s'il est possible que la première, le trait de lumière qui nous est échappé :—je sais que notre unique ressource consiste à pouvoir présenter un* CRÉDIT NEUF.

Pendant qu'il prononçait des paroles aussi rassurantes, le Directoire rassemblant de son côté tous les rayons qui devaient fournir le *trait de lumière*, & rendre à la France un *crédit neuf*, interrompit les nouvelles délibérations des Législateurs par le message suivant, où ils durent vraiment trouver le *trait de lumière*, *qui*, jusques-là, *leur était échappé*.

" Citoyens Législateurs, long-temps nous avons " cru devoir vous dérober, adoucir du moins à vos " yeux une partie des maux qui affligent la République, & des maux plus grands encore qui la menacent imminemment. Long-temps nous avons craint " par cette publicité de prêter de nouvelles forces à " la malveillance, & de jeter le découragement dans " le cœur des amis de la patrie : *mais il paraît* " *que l'heure des palliatifs est passée*, & que tout " ménagement ne fait qu'accroître le danger. " La vérité, *la vérité seule dans toute sa rudesse*, " nous offre la dernière planche de salut que nous apercevions dans ce moment de naufrage. . . . Nous " ne parlons aujourd'hui que de l'état des finances ; " parce que nous ne pouvons plus différer, parce que

" *tous les ressorts se brisent dans nos mains, parce que la* " *plus effroyable catastrophe menace d'engloutir la Ré-* " *publique entière*, si un remède aussi actif que puis- " sant ne fait changer *en un moment*, pour ainsi dire, " la face des affaires.

" Nous nous sommes demandés, s'il est un moyen " d'éviter *cette catastrophe terrible, cette fatale dis-* " *solution :* nous croyons qu'il existe encore; nous " croyons que dans peu de jours peut-être il n'exis- " tera plus...... En vain nous avons espéré une " crise salutaire des nouveaux plans de finance qui " vous ont été proposés : la lenteur inévitable de ces " délibérations majeures, l'incertitude sur la justesse " du résultat & l'efficacité des mesures, n'ont fait " qu'aigrir le mal; & les dernières ressources du " public se sont épuisées, pendant que nous atten- " dions celles du Corps Législatif.

" Vous verrez, Citoyens Législateurs, par les lettres " ci-jointes des trois Ministres (1), que nous touchons

---

(1) Ces trois lettres sont trop précieuses à l'histoire des assignats, pour ne pas en donner ici l'extrait.

Rapport fait au Directoire Exécutif par le Ministre des Finances.

" Citoyens Directeurs ! Ni la trésorerie ni moi ne pouvons créer des ressources aussi promptes que les besoins : nous ne pouvons substituer l'aisance à l'épuisement. Je dois vous présenter la vérité toute nue : si je ne vous la peignais sous les couleurs les plus fortes, je m'accuserais & je serais coupable de la sécurité où le Directoire resterait mal-à-propos ; je serais cause que les momens de sauver la chose publique lui échapperaient peut-être."

" S'il faut aux départemens de la guerre, de la marine, & de l'intérieur, des millions en espèces pour leur service, des sommes

" à *notre dernier terme*, si quelque ressource inattendue " ne sort pour ainsi dire *avec la rapidité de l'éclair* " *du génie de la liberté*, &c. &c.

Signé REWBELL, *Président*.

---

immenses d'assignats pour leur service, il n'y a pas moyen d'y satisfaire. Déjà j'ai, par mes relations particulières, procuré à la trésorerie du crédit sur diverses places commerçantes du dehors; mais on ne peut user de ce moyen que dans dix ou douze jours, & ce moyen sera bien au-dessous des demandes que chaque jour voit se multiplier. La longueur des discussions du Corps législatif, sur le plan de finance qui doit mettre des ressources entre les mains du Directoire Exécutif, paralyse tout."

" Le zèle du Directoire, son dévouement au bien de la République, ne suffisent pas pour qu'il puisse la sauver: il faut des moyens; ces moyens ne peuvent exister qu'en pouvant payer. Quels paiemens peut-il effectuer? L'arriéré des dépenses grossit chaque jour. Déjà, avant que le produit de la fabrication d'assignats soit sensible, la connaissance que l'on a d'une nouvelle papéterie destinée à les multiplier, produit à la bourse les effets les plus funestes. Si dans deux jours nous gagnons pour le nombre d'assignats à verser en acquittement, nous perdrons autant & plus par leur dépréciation."

" En quatre lignes, voici la situation du trésor public: Il doit soixante-douze millions en numéraire, il n'en a pas de disponible; vingt millions de papiers de Magon sur l'Espagne, exigent du temps pour se placer."

" Cent millions d'assignats par jour n'ont pas jusqu'ici suffi au tiers des besoins."

" Quinze cents millions, qui seront payés dans cette décade, ne feront qu'une faible sensation."

" Citoyens Directeurs, voilà le tableau déchirant que je mets sous vos yeux; il faut nécessairement des mesures pour faire cesser cet état effrayant. Je laisse à votre sagesse à déterminer ce qu'il est plus convenable de faire pour sauver la chose publique. Mon

Docile, à cette invocation, le *Génie de la Liberté* enfanta ſur-le-champ, & *avec la rapidité de l'éclair*, le

---

devoir était de vous préſenter l'urgence des circonſtances : je ſuis prêt à vous démontrer mon dévouement à votre gloire, & ſur-tout à la liberté que vous défendez ; mais ne pouvant créer des moyens où il n'en exiſte pas, j'ai voulu vous tenir le langage de la franchiſe & de la vérité."

Le Miniſtre des Finances,

Signé FAIPOUL.

Extrait de la Lettre du Miniſtre de l'Intérieur.

. . . . ." Il m'eſt impoſſible, citoyens, de vous cacher cette triſte poſition, & je me vois forcé de vous annoncer, que ſi cet état malheureux ne change pas ſous peu de jours, il faut renoncer à tous les ſervices ; car ne les alimenter qu'en partie, c'eſt les abandonner."

" Enfin, il eſt de mon devoir d'obſerver au Directoire, que ſans aſſignats, ſans argent, avec un crédit perdu, manquant partout de fourrages, de chevaux, de pain, de capottes, de ſouliers, de moyens de tranſports, les armées ſont dans la plus grande pénurie de tout, & que par une ſuite de cette calamité, leur mouvement eſt entravé, & la déſertion ſans ceſſe accroiſſante. Le Directoire m'a demandé du courage ; j'oſe croire avoir rempli ma tâche à cet égard. Mais je le déclare, quand j'ai donné des ordres pour tous les beſoins des armées, & que j'ai tout prévu, la tréſorerie ne payant rien, tout manque à la fois, & mes efforts ne peuvent triompher d'aucun obſtacle."

" Veuillez donc, citoyens, prendre en grande conſidération l'état déplorable où ſe trouve mon département."

Extrait de la Lettre du Miniſtre de la Guerre, au Directoire Exécutif, du 5 Décembre.

" J'ai déjà obſervé au Directoire, que toutes les armées m'ont écrit que les fourniſſeurs ne peuvent plus faire leur ſervice, parce qu'ils manquent abſolument des fonds néceſſaires."

" Inquiet

Décret vraiment *inattendu* d'un *emprunt forcé sur les contribuables présumés les plus fortunés*; & graces

---

" Inquiet du discrédit qui règne dans toutes les administrations, j'ai voulu connaître quelle était la quantité de mes mandats, qui était demeurée non payée; j'ai écrit à la tresorerie à cet effet, mais elle ne m'a pas encore répondu. Aujourd'hui enfin, j'ai voulu connaître, d'après la promesse du Ministre des Finances, ce que je pourrais avoir en numéraire de la trésorerie nationale. Il devait m'être donné cinq millions 500,000 livres; cependant ils n'ont pu me promettre que 600,000 livres pour demain. Mais comment me les donneront-ils? ils n'ont pas pu encore envoyer les 300,000 livres qui étaient si urgemment nécessaires pour Luxembourg."

" De toutes parts les grandes Communes réclament des subsistances. Le commerce étranger peut seul ramener en France l'abondance qui doit rassurer tous les esprits; mais le commerce est découragé par les avances qu'il a faites, & dont il n'est pas remboursé: cependant, par mes efforts pour faire renaître la confiance, j'ai engagé des maisons de commerce à venir au secours du Gouvernement. Des achats de grains considérables sont faits à l'étranger, les canaux de la Belgique nous les apportent; mais il faut payer en recevant la denrée, & il faut la payer en numéraire; il me faut absolument trois millions pour le 1er Nivose, & sept millions pour le 25 du même mois. Si le Gouvernement tient seulement à ses engagemens, tout le commerce sera à ses ordres; mais s'il entreprend au-delà de ses facultés, le discrédit s'augmentera, & il n'y aura plus aucune ressource pour soutenir la République."

Je ne puis m'empêcher de sourire, en tirant ces pièces de la Gazette qui la première les a fait connaître en Angleterre. C'est du *Courier de Londres*, dans lequel M. de Calonne a inséré, par morceaux détachés, son *Tableau de l'Europe*, destiné entr'autres à *réveiller ceux qui s'endorment dans la trompeuse persuasion que la seule chûte des assignats suffit pour ruiner la France, & la mettre dans l'impuissance de continuer la guerre*, &c. &c. Pour

aux cris répétés d'urgence, ce Décret a été sanctionné le 12 Décembre par le Conseil des An-

---

Pour éclairer le grand procès des assignats, il me paraît important d'ajouter à cette collection précieuse, une autre pièce non moins instructive, & que le Directoire a jugé à propos de publier. Dans cette lettre, adressée au Ministre des Finances le 6 Décembre par les Membres de l'Administration des Postes & Messageries, ces administrateurs lui tracent le *malheureux tableau de la situation* de leur département en ces mots.

« Nous sommes sans fonds, ou le peu que le trésor nous « accorde nous le partageons avec la poste aux lettres, & les « messageries, dont les besoins ne sont pas moins pressans que les « nôtres.

« Nous vous déclarons donc aussi formellement & aussi authen- « tiquement que nous puissions le faire, & nous vous prions d'en « informer le Directoire Exécutif, que nous n'avons plus le « pouvoir de soutenir le service important de la poste; que dans « l'état des choses, le hasard seul, ou la transgression de la loi, « peut le maintenir dans quelques parties de la République, & « qu'aucun des moyens que nous avons proposés n'ayant été « adopté, nous ne pouvons plus que faire connaître au Gou- « vernement notre impuissance, & la détresse où nous sommes « réduits. SALUT ET FRATERNITÉ."

Contresigné, *Faypoul*, Ministre des Finances.

Peu de jours après la publication de ce message, *Ramel*, au nom de la Commission des finances, y a ajouté un nouvel éclaircissement; c'est que *l'administration des postes coûte aujourd'hui 5 millions par jour.*—*Ce malheureux tableau de la situation* du département des postes, était précédé par un message du Directoire qui annonçait au Conseil des 500, que *le service des Douanes est presque aussi désorganisé que celui des messageries; & que les préposés sont dans un état de misère qui nuit à l'exactitude du service.* Il n'est point étonnant que la lettre qui faisait une semblable communication au Conseil des 500, commençât par ces mots: *Citoyens législateurs! le Directoire doit & veut vous mettre à découvert toutes les plaies du Corps Social. Elles saignent de toutes parts,* &c. &c.

ciens, qui avait si unanimement repoussé le précédent. Cet emprunt tiendra lieu de la taxe de guerre, & ne *pourra porter que sur le quart le plus imposé ou le plus imposable des citoyens de chaque Département*, lesquels, sur la *notoriété publique de leurs facultés*, seront divisés arbitrairement par les administrateurs en seize classes différemment taxées. Celles-ci devront fournir un tiers de leur quote-part, de quinzaine en quinzaine, sous peine de payer un dixième en sus *pour chaque Décade de retard*. Elles sont admises jusqu'au 5 Janvier à s'acquitter en assignats; mais comme le Gouvernement ne les recevra que *pour le centième de leur valeur nominale*, les seize classes taxées, en recueillant & en lui livrant la totalité des 30 milliards émis, ne fournissant encore par-là que 300 millions, ou la moitié du subside; on leur permet, à défaut de numéraire, de payer la seconde moitié du subside *en grains appréciés au cours de* 1790, c'est-à-dire à un prix infiniment plus bas qu'ils ne se vendent dans la plupart des marchés contre l'espèce. Enfin, ce qu'il est important de ne pas perdre ici de vue, c'est que cette avance de 600 millions ne dispensera point les prêteurs de leur contribution en nature, pour l'année 1795, dont le Gouvernement se réserve de tirer une autre valeur réelle d'environ 2 à 300 millions.

Il est évident qu'un pareil Décret sappe jusques dans ses fondemens la nouvelle Constitution, qui statue, art. 305, *que les contributions de toute nature seront réparties entre tous les contribuables à raison de leurs facultés*. En citant cet article, il est inutile, je penſe, de faire obſerver que les trois quarts des contribuables entièrement exemptés de cet emprunt, ne contribuent plus *à raiſon de leurs facultés*, & qu'ils forment ainſi une claſſe *privilégiée*. (1)

Il eſt également évident qu'en retirant les aſſignats par la violence, ce Décret, ſans être ce qu'on appelle une démonétiſation, fera tomber entièrement la monnaie révolutionnaire, & qu'il a levé par cela même le plus grand obſtacle à une Contre-Révolution.

Enfin, ce qui eſt ſur-tout évident, c'eſt qu'en adreſſant aux Republicains *un appel de fonds* pour ſoutenir les fraix de la guerre, ce même Décret va

---

(1) Peu de jours avant d'avoir ſuſcité l'idée de cet emprunt, le Directoire venait d'adreſſer à ſes agens la doctrine ſuivante ſur ce qu'il appelait L'IMPÔT CONSTITUTIONNEL: *Ce n'eſt plus*, leur diſait-il, *un impôt payé à un Roi qui fait ſon profit particulier des deniers de l'Etat*; C'EST UNE CONTRIBUTION VOLONTAIREMENT CONSENTIE PAR DES ACTIONNAIRES *pour la proſpérité de la grande famille*.

Rien de plus curieux que la manière dont le Miniſtre des Finances s'eſt vu appelé à commenter cette inſtruction le 13 Décembre, en recommandant aux mêmes agens les opérations relatives à l'emprunt forcé. *Dans toutes ces opérations*, leur écrit-il, *il faudra ſur-tout marcher avec célérité, ſans viſer à la préciſion que l'on pourrait y mettre, s'il n'était pas queſtion d'un emprunt, dont le rembourſement réparera les inconvéniens momentanés de quelques irrégularités dans la répartition*, &c. &c. En effet, l'on berce les prêteurs de l'eſpoir que ce qu'on leur arrache aujourd'hui, leur ſera rembourſé, par dixièmes, d'années en années, c'eſt-à-dire qu'on promet de leur en tenir compte ſur leurs contributions futures. Si jamais le Gouvernement ſe voit forcé à tenir cette promeſſe, il ſe trouvera avoir dépenſé par anticipation environ le quart de toutes les contributions directes des 10 années qui vont s'écouler.

changer la face des choſes, en déſabuſant le peuple ; car ſi juſqu'à préſent il s'était prêté à la guerre, c'eſt qu'il avait cru qu'elle s'acheverait sans ſubſide. Tout-à-coup, & lorſqu'il était déja appauvri par l'énorme dépréciation de ſes aſſignats, dépréciation qui lui faiſait ſupporter les dépenſes paſſées, il ſe trouve condamné à ſubvenir à toutes les dépenſes futures, en reſtituant les aſſignats qu'il avait reçus, & en livrant le numéraire qu'il avait ſauvé du naufrage.

Mais laiſſons toutes ces conſidérations générales, pour nous occuper excluſivement des trois queſtions ſuivantes.

1°, Les 600 millions pour leſquels on fait cet *appel au peuple*, exiſtent-ils en France ?

2°, S'ils y exiſtent, & que le peuple refuſe de les livrer, le Gouvernement Conſtitutionnel aura-t-il des moyens ſuffiſans pour les lui arracher ?

3°, En admettant que ce Gouvernement y réuſſiſſe, ſoit de gré, ſoit de force ; pendant combien de temps ces 600 millions le mettront-ils en état de pourſuivre la guerre ?

La première de ces queſtions ne peut ſe réſoudre qu'en ſe faiſant une idée nette de la totalité de la fortune impoſable des Français. C'eſt au Député *Dupont* qu'on doit le plus de lumières ſur ce ſujet. Il vient d'établir & de prouver, le 10 Décembre, que *leur revenu net & poſſible ne peut être évalué maintenant à plus de 800 millions* ; encore a-t-il obſervé avec raiſon, qu'il fallait en déduire toute la partie qui appartient déjà à la nation par les ſéqueſtres & les confiſcations. Il eſt vrai qu'on n'apperçoit pas très-clairement s'il comprend dans ces 800 millions, le revenu induſtriel. Mais à quel titre eût-il pu en faire mention, comme d'un revenu impoſable, lorſque ſon collègue *Le Coulteux* venait de mettre en évidence que le peu d'ouvriers méchaniques qui trouvent encore quelque occupation dans les villes ne gagnent plus que la 4e ou la 5e partie de leurs anciens ſalaires ? Après que celui-ci eut conſtaté qu'ils en ſont *réduits à ne boire que de l'eau*, il y aurait eu certes trop de barbarie ou de démence à vouloir impoſer le ſuperflu de leurs revenus. Peut-être ne me ſerait-il pas difficile de prouver que l'évaluation de Dupont, toute faible qu'elle peut paraître, était exagérée ; & qu'il le penſait lui-même : mais en l'adoptant pour baſe, qu'en réſultera-t-il ? Que ſur 800 millions, auxquels ſe ſera élevé pendant l'année 1795 tout *le revenu net & poſſible* des contribuables Français, leurs Légiſlateurs ſe flattent de retirer 600 millions par un emprunt forcé, & 2 à 300 millions en contributions foncières ou mobilières, indépendamment des contributions indirectes. Ces Légiſlateurs allégueront ſans doute que la plus grande partie de l'emprunt forcé ne ſera point levé en nature, mais en papier-monnaie & en eſpèces, qui forment un fond indépendant des productions de l'année. Je le ſais ; mais ils ſavent fort bien auſſi que tout le papier-monnaie, & toutes les eſpèces en circulation, n'y pourront point ſuffire. En effet, pluſieurs d'entr'eux s'étant réunis dernièrement pour affirmer qu'il n'y a plus que 2 à 300 millions de numéraire circulant en France, & n'ayant été contredits par perſonne, on ne peut aſſeoir les calculs que ſur cette donnée, toute exagérée que je la croie encore. Dès-lors, ſi l'on y ajoute les 30 milliards d'aſſignats d'aſſignats, qu'ils ne conſentent à recevoir qu'à raiſon de cent pour un, comme ces 30 milliards ne repréſentent plus que 300 millions, on arrive à la preuve que, pour obtenir l'emprunt de 600 millions, il faut qu'on réuſſiſſe à pomper tout le numéraire & tous les aſſignats qui circulent en France. Mais ce qui rendra cette *ponction* plus extraordinaire encore, c'eſt qu'elle doit s'achever dans ſix ſemaines, & ne porter que ſur le quart des propriétaires du papier & de l'eſpèce. (1) Certes, qu'elle parvienne à s'accomplir,

---

(1) Pour lever cette difficulté, *Vernier* a inſiſté ſur ce que le Gouvernement ſe propoſait de reverſer à l'inſtant même ce qu'il pomperait, afin de le reverſer encore pour le repomper de nouveau. Que *Vernier* ait avancé de pareilles abſurdités, il n'y a rien là d'étonnant ; mais ce qui doit ſurprendre, c'eſt qu'elles aient été ſérieuſement ſoutenues par un homme auſſi éclairé que *Le Coulteux*. Croirait-on que ce Député, qui avait tant contribué à faire repouſſer le *ſyſtême cédulaire*, & qui dans cette occaſion avait terminé ſon diſcours par ces paroles profondément vraies—PRODUCTION & CIRCULATION, *voilà les deux mots qu'il faudrait aujourd'hui réligieuſement inſcrire ſous ceux de* LIBERTÉ *& d'*ÉGALITÉ—croirait-on, dis-je, que peu de jours après, ce même Orateur ſe ſoit montré l'un des plus ardens défenſeurs de l'emprunt forcé, qu'il l'ait appelé une *tranſpiration inſenſible*, & qu'il l'ait juſtifié, en inſiſtant ſur ce que *les ſommes qui auront été payées aux premiers termes fixés par la loi, reviendront rapidement dans la circulation, par les dépenſes même du Gouvernement, & fourniront aux paiemens des termes ſubſéquens ?*

Mais pourquoi s'étonner de ce que des financiers Français ont adopté & prêché une pareille doctrine, puiſqu'on rencontre, même en Angleterre, des perſonnes qui aſſurent que ce miracle ne leur paraît pas impoſſible, & qui penſent qu'il pourra ſe répéter ?— " S'il s'opère, diſent-elles, le Gouvernement Français aura fait

ce fera vraiment le plus grand des miracles de la Révolution Françaife.

---

fes fonctions, fans que la population prife en maffe s'en trouve moins riche. Or, s'il n'appauvrit point la maffe de la nation, dès qu'il lui reverfe avec fidélité & promptitude tout ce qu'il en reçoit; qui ofera nous garantir qu'il ne pourra point prolonger la guerre, en revenant alternativement à une femblable mefure?"

Un pareil raifonnement femble porter fur la théorie générale de l'impôt; mais s'il a quelque chofe de fpécieux, c'eft qu'on oublie qu'en première & dernière analyfe toutes les contributions portent fur les fruits de la terre, ou qu'elles en procèdent; que, comme la terre n'offre aux hommes qu'une récolte par année, il eft impoffible qu'aucun Gouvernement ait des revenus plus fréquens que les récoltes; & qu'ainfi l'on ne peut prélever chaque année que l'excédent des fruits de la terre, à moins d'enlever aux cultivateurs les moyens d'obtenir la moiffon fuivante dont l'adminiftration attend le fuperflu.

Je conviens qu'il n'en eft pas précifément de même de certaines contributions en efpèces ou en papier-monnaie: mais en pareil cas, avant que pût s'établir le cercle monftrueux de fpoliations & de reftitutions autour duquel les Légiflateurs Français effaient de rouler en ce moment; il faudrait en premier lieu, qu'ils n'en fiffent rien paffer dans l'étranger, & en fecond lieu qu'il leur fût poffible de rendre exactement à chaque contribuable ce qu'ils vont lui prendre, & ce qu'on fe propoferait de lui reprendre encore, après le lui avoir rendu. Si, au contraire, l'on dépouille l'un pour enrichir l'autre, il eft évident que lorfqu'on dépouillera celui-ci pour enrichir un troifième, ce dernier ayant devant les yeux l'exemple du fort qui l'attend, ne fe foucicra plus de recevoir en paiement des fommes dont il ne ferait que dépofitaire momentané jufqu'à ce qu'on les lui redemandât pour les faire paffer à un quatrième. Or, dès qu'il y aurait folution de continuité, le Gouvernement fe trouverait arrêté dans fon cercle de fpoliations, finon par la réfiftance des fpoliés, du moins par la difficulté de

Cet exposé suffit, je pense, pour démontrer qu'afin de recueillir, outre l'impôt en nature, le prêt forcé de 600 millions, il faudra enlever au peuple Français tout son

---

trouver des individus disposés à s'enrichir d'abord pour être ensuite dépouillés. M'objectera-t-on que la Sublime Porte trouve depuis long-temps des Vizirs qui se soumettent à ce péril, & qui le bravent? je répondrai qu'elle se garde bien de jouer ce jeu terrible avec ses sujets. Si le Grand Seigneur proposait de semblables mesures à son Divan, les Législateurs de Constantinople ne manqueraient pas de lui répondre, que comme, en les adoptant, il n'y aurait plus de propriétés, il n'y aurait bientôt, par cela même, plus de culture; que vouloir assujettir un peuple à un semblable régime serait vouloir le replonger dans l'état de nature; qu'enfin, les contributions annuelles & bien réparties cueuillent les fruits en ménageant l'arbre de la réproduction, tandis que les emprunts forcés coupent cet arbre par le tronc.

Au reste, j'ose garantir aux Français, que leur Gouvernement n'aura point le temps de les conduire à cette dernière époque désastreuse, & qu'il va se trouver loin de compte, si en émettant des cédules, ou en continuant à frapper des assignats, il se flatte de les verser dans la circulation à raison de 100 pour 1, comme il reçoit aujourd'hui ceux qu'il retire. Il apprendra bientôt avec surprise, & à ses dépens, que les individus auxquels il les offrira, soit en salaires, soit en paiemens de fournitures, ne se soucieront plus de contracter avec lui, parce qu'ils ne feraient par-là qu'inscrire volontairement leurs noms dans le registre des nouveaux propriétaires à dépouiller dans peu de mois. Ainsi, mieux le Directoire réussira à retirer les assignats par la violence, plus il les trouvera frappés dans ses mains du sceau d'une réprobation nouvelle & générale. Il leur aura porté lui-même le *coup mortel* prévu par Le Coulteux, lorsqu'en repoussant les cédules, il annonça qu'on allait *discréditer à jamais tout papier de crédit qui pourrait être créé en France.* En dernier résultat, cet emprunt sera l'instrument avec lequel on aura brisé d'avance la planche des *cédules*; & quant à celle des *assignats*, il l'aura vraiment frappée de stérilité.

revenu net & imposable ; & je me flatte que cette démonstration aura déjà en quelque manière résolu la seconde question que je me suis proposé d'examiner, savoir, si le Gouvernement aura des moyens suffisans pour le lui arracher (1).

---

(1) Personne ne peut se figurer, je pense, qu'on l'obtiendra par l'enthousiasme. S'il y eut jamais dans ce pays-là de l'enthousiasme révolutionnaire, ce fut sans doute à l'ouverture des Etats-Généraux : cependant, quoique la France possédât encore alors tout son numéraire, M. Necker eut beau faire un appel au patriotisme des capitalistes, il ne put point en obtenir le faible emprunt volontaire à l'aide duquel le Clergé aurait peut-être sauvé les spoliations dont il était menacé. Le Député *Le Coulteux* vient de rappeler ce souvenir à ses Collègues :

" Lorsque la circulation était évaluée à 2 milliards 400 millions " de valeurs métalliques, leur a-t-il dit, le 3 Décembre, dans le " temps où la France jouissait d'un grand crédit, lorsqu'enfin " M. Necker en faisait l'usage le plus étendu, ce Ministre n'avait " jamais pu élever ses emprunts au-delà de cent millions par " an."

Le même Député qui venait de citer ce fait, vota huit jours après en faveur de l'emprunt forcé, & le défendit dans un long discours, où, laissant de côté ce qui s'était passé sous le Ministère de M. Necker, époque qu'il appela ironiquement celle de *la belle confiance de* 1789, il remonta au règne de Louis XIV. & dit au Conseil des Anciens : " Nous avons eu au commencement du " siècle un exemple mémorable de l'heureux effet de ces subventions extraordinaires, dans les besoins pressans de l'Etat .... " C'est dans les conjonctures malheureuses de 1710 qu'on trouva " l'expédient d'établir la *perception du dixième* sur le revenu de " tous les fonds & généralement de tous les biens."

C'est ainsi qu'en citant un exemple de la *perception d'un dixième*, Le Coulteux réussit à faire passer le décret de la *perception du total*. Il est vrai qu'il eut soin d'ajouter à ses calculs de finance des calculs

Je ne ſais quels ſont ceux qu'il met en uſage en ce moment pour achever de dépouiller les victimes dévouées : mais il eſt impoſſible de ne pas ſe livrer aux conjectures les plus effrayantes, lorſqu'on apprend que pour empêcher les étrangers de connaître les ſcènes qui vont ſe paſſer en France, le Directoire a commencé par ordonner un embargo général dans tous ſes ports, avec le même ſoin qu'on fait fermer les avenues d'un hôpital lorſqu'on porte ſur le lit de douleur, dans la chambre aux amputations, les malheureux dont on voudrait étouffer les cris perçans.— Si la Terreur réuſſit à étouffer leurs cris ; ſi la Tyrannie reprend ſa verge de fer ; ſi le peuple des provinces, qui n'eſt point déſarmé, ſe laiſſe lâchement arracher les faibles reſtes de ſa ſubſiſtance ; c'eſt bien alors qu'il ne faudra plus balancer à proclamer la Nation Françaiſe en maſſe, comme la Nation la plus dégénérée & la plus dégradée qui ait encore paru ſur la ſurface de la terre. C'eſt alors qu'il s'agira d'examiner s'il convient à des Gouvernemens légitimes de traiter avec un Gouvernement monſtrueux, qui ſe ſera livré à de nouveaux brigandages, au mépris de ſes ſermens & d'une Conſtitution récente qui lui interdiſait toutes ſpoliations. C'eſt alors enfin que

---

de morale. *Il eſt temps enfin*, s'écria-t-il, *pour tous ceux qui ſe ſont livrés ou laiſſés entraîner au cours incertain des événemens, de gagner le port, & de ſe rendre aux affections morales, aux vertus qui reviennent aiſément, lorſqu'aſſuré de ſes moyens d'exiſtence on jouit d'une aiſance honnête, & de la ſécurité de ſa perſonne & de ſa propriété.*

Voilà donc les fruits qu'en oſe promettre au Français du ſyſtème des emprunts forcés !

les Puissances Coalisées, loin d'être intimidées par ce dernier accès de fièvre délirante, devront combiner leurs efforts de manière à les prolonger plutôt qu'à les redoubler ; & sans doute, il leur sera permis d'attendre avec quelque confiance l'accomplissement inévitable de cette sentence prophétique du Député Louvet : *Si la terreur pouvait renaître, & nous ne le croyons pas, mais enfin si elle pouvait renaître, elle moissonnerait en quelques mois les hommes énergiques de tous les partis ; & lorsqu'un nouveau 9 Thermidor viendrait renverser cet horrible systême, il n'y aurait pour cette fois aucun pouvoir humain capable de résister à la réaction aristocratique, & au retour de la Royauté.* (1).

On peut présumer, je pense, que la première rumeur de ce Décret aura fait aussitôt enfouir dans les entrailles de la terre, le peu d'or & d'argent qu'on s'était hasardé jusqu'ici à mettre dans la circulation. Or personne ne disputera, que jusqu'à ce que quelque Gouvernement protecteur ait rétabli la confiance & fait reparaître ces métaux enfouis, ils seront aussi inutiles aux individus & à l'Etat que s'ils étaient encore dans les mines du Perou. Quand je médite sur toutes ces circonstances, & sur l'épuisement des Français ; quand je me rappelle avec quel art ils échappèrent à l'emprunt forcé de Robespierre, malgré les armées révolutionnaires qu'il fit promener

---

(1) Voyez son papier intitulé *La Sentinelle*, du 25 Octobre 1795.

de provinces en provinces (1) avec la guillotine; quand je réfléchis sur les nouvelles dispositions de ces départemens où Colombel nous apprend que *c'est un déshonneur de se dire Républicains*; j'ose avancer avec une espèce de certitude, que jamais le Gouvernement Républicain ne retirera de cet emprunt désastreux au-delà de 200 millions effectifs (2); & que, s'il les retire, plus de la moitié de cette somme sera arrachée aux malheureux habitans de Paris,

---

(1) Voyez l'aveu de Cambon, qui révéla, après la mort de Robespierre, que l'emprunt forcé d'un milliard, décrété en Août 1793, *n'avait pu produire que* 180 *à* 200 *millions*. Le même Cambon avait également révélé que les Ministres de la terreur, c'est-à-dire les 20,000 Comités organisés pour lever les impôts Révolutionnaires, *coûtaient* à la Nation 591 *millions par année*.

(2) Je prie les lecteurs, avant de se livrer à une opinion contraire, de méditer attentivement sur le discours de *Dupont*, qu'il entama, en observant à ses collègues *qu'ordonner l'impossible ne convenait pas à une Assemblée de Législateurs*.

Il conclut son discours en leur disant : « Ce ne sera donc que « le quart des citoyens appelés *riches* qui sera tenu de fournir « à la République *la totalité du numéraire métallique qui est sur le* « *territoire*, & en outre pour *dix milliards d'assignats de plus* « *qu'il n'en existe*. Je demande à un Conseil de Sages si la chose « est possible, & s'il est raisonnable de l'ordonner par une loi. »

Il faut lire ce discours tout entier dans le *Moniteur* du 17 Décembre, ainsi que la réponse de *Vernier*, qui se plaignit de ce que le préopinant avait affecté de méconnaître la nature de cet emprunt, de le désigner *sous le terme générique de taxe, & de le rendre en quelque sorte suspect à ce titre*, quoique ce ne soit, dit-il, *qu'une avance, un véritable prêt, un sacrifice passager, sur la sincérité du remboursement duquel il n'y avait nul doute à former*. Pour en prouver l'urgence, Vernier peignit les intrépides guerriers de la France comme

lefquels ont des maffes d'affignats, qu'ils ne pourront ni cacher ni défendre depuis qu'on a réuffi il y a trois mois à les défarmer.

Ce n'eft pas qu'on ne puiffe s'attendre à de nouvelles forfanteries du Directoire. Il ne manquera point d'annoncer avec éclat à l'Europe, que la *République Française eft encore une fois fauvée*; qu'il eft *de fes deftinées de fortir des plus grandes crifes qui la menacent* (1) ; que l'idée de cette contribution civique a électrifé tous les cœurs; qu'enfin le fuccès inefpéré de cette mefure grande & décifive doit faire trembler fes ennemis, & leur enlever pour jamais *l'efpoir de la vaincre par les finances*. Mais comme toutes ces déclamations ne rempliffent pas un tréfor, attendons les impofteurs à l'époque où n'ayant plus rien pour les *befoins que les armées manifefteront de toutes parts*, ils viendront préfenter de nouveau au Corps Légiflatif *la vérité toute nue*. (2) C'eft alors qu'en répétant avec Pelet que le *froid & barbare égoïfme* des citoyens *eft le plus dangereux ennemi de la République*,

---

étant *chaque jour expofés à toutes les misères, à toutes les calamités qui peuvent affliger la nature humaine*. Puis, au lieu de contefter aucun des faits allégués par Dupont fur l'impoffibilité de trouver le numéraire néceffaire pour fournir l'emprunt ; il réuffit pleinement à écarter cette objection, en obfervant au Confeil des Anciens, que le numéraire réel ou fictif verfé dans les caiffes publiques *ferait bientôt remis en circulation par les paiemens journaliers qui fe feraient à la Tréforerie, ou dans les départemens*.

(1) Difcours du Député *Ramel*.

(2) Voyez le Meffage du Directoire, p. 64.

République, le Directoire révélera que l'emprunt forcé n'a presque rien produit dans les Provinces, & qu'il imputera, comme Vernier, la chûte prochaine de la liberté, à *ces hommes injustes ou indifférens qui auront refusé d'acquitter leur dette sacrée, ce lien si nécessaire au contrat social.*

Mais passons à la 3e question, en admettant que l'emprunt forcé réussira dans toute son étendue. Nous avons maintenant plusieurs données pour calculer d'une manière approximative le terme le plus éloigné que le Gouvernement belligérant pourra atteindre avec cette ressource.

Et d'abord il faut se rappeler que *Le Coulteux* a déclaré & vérifié que la République *avait dépensé par an un milliard de valeurs réelles* en assignats, & qu'il a ajouté que *certainement cette dépense n'avait pas été moindre cette année.* Quoiqu'il me fût aisé de lui démontrer que cette dépense a été & sera infiniment plus considérable; loin de lui contester cet apperçu, je consens au contraire à adopter celui de *Ramel*, qui ne l'élève pour l'avenir qu'à 840 millions, à raison de 70 millions par mois: (1) ce qui assimilerait à-peu-près aux dépenses de la Grande Bretagne les dépenses tant ordinaires qu'extraordinaires de la République Française.

---

(1) Pour qu'aucun de ses collègues ne se méprît, sur ce qu'il parlait de numéraire, il leur déclara le 8 Décembre, au nom du Directoire, *qu'il fallait avoir dans le mois une valeur de 20 milliards 200 millions, ou une somme de 70 millions en numéraire*, qui y correspondrait.

Maintenant pour calculer pendant combien de temps les 600 millions de l'emprunt forcé pourront faire face à ses dépenses, il faut observer, 1°, Que tous les assignats qui en proviendront doivent être *biffés en présence des porteurs*, & ensuite brûlés publiquement; ce qui réduira le produit disponible au moins de moitié, soit à 300 millions: 2°, Que le Ministre des Finances a déclaré au commencement de Décembre que le *trésor public devait 72 millions en numéraire*; anticipation, qui, avec les dépenses des mois de Décembre & de Janvier, consommera vraisemblablement les deux tiers de ces 300 millions: 3°, Qu'à cette époque, c'est-à-dire au 1er Février, si la France est pressée par une nécessité impérieuse, de se procurer à tout prix les *dix millions de quintaux de grains* que ses Législateurs se sont vantés d'avoir fait acheter dans le Nord, & pour le paiement desquels ils ne comptaient il y a quelques mois que sur les 30 millions de florins que leur doit la République Batave, cette contribution, en supposant qu'elle les lui paie, n'en acquittera qu'une faible partie; & à peine le Directoire pourra-t il se procurer la moitié de cet immense approvisionnement, en y sacrifiant tout le numéraire qui resterait encore dans le trésor National.

S'il en est ainsi; avec quoi suppléer alors aux dépenses futures? Ce ne sera certainement plus avec des assignats; car un nouveau degré d'accélération survenu dans leur baisse vient de forcer les deux Conseils à se réunir pour décréter que la planche & les matrices en seraient incessamment briſées (1). Et quoiqu'ils ſe ſoient réſervés par ce Décret d'en fabriquer encore juſqu'à ce qu'il y en ait 40

---

(1) Le Décret n'a paſſé dans le Conſeil des 500 qu'après deux heures de délibérations ſecrètes ; & voici la rédaction qui en eſt ſortie le 21 Décembre : " Les aſſignats exiſtans ou à émettre en " circulation, ne pourront excéder 40 milliards. Les planches " ſeront briſées dès que la fabrication relative à cette ſomme " ſera terminée, ou même, lorſque les deux tiers de l'emprunt " forcé ſeront rentrés, quoiqu'à cette époque les 40 milliards ne " fuſſent pas encore fabriqués."

Les papiers Français qui ont publié ce Décret aſſurent que, dès qu'il a été connu, les aſſignats ont remonté juſqu'à environ ½ pour cent contre l'eſpèce. S'il en eſt ainſi, je ſoupçonne fort que, pour cette fois, les Légiſlateurs ont réuſſi à leurrer les agioteurs. L'expérience ne tardera guère à nous apprendre ſi l'on n'a pas cherché dans la rédaction de ce Décret à ſe ménager deux grands prétextes de délais, en alléguant ou que les *deux tiers de l'emprunt forcé ne ſont point encore rentrés* ; ou que *la fabrication* des aſſignats ne pouvant fournir que cent millions par jour, les 40 milliards ſont loin d'être émis.

Au ſurplus, qu'on réuſſiſſe ou non à tergiverſer encore ſur cette promeſſe ; il eſt évident que la planche des aſſignats eſt déjà briſée dans l'opinion ; & comme il y a tout lieu de croire qu'à l'époque où l'emprunt ſera fermé, il reſtera tout au moins 19 milliards en circulation, il eſt également évident que la République ſe retrouvera préciſément alors au même point où elle ſe trouvait le 13 Novembre, lorſque ſes Légiſlateurs, pour *débarraſſer la circulation de la maſſe d'aſſignats dont elle était gorgée,* furent réduits à propoſer de les retirer au moyen des cédules, lorſqu'au nom de la Commiſſion des Finances *Eſchaſſériaux,* en annonçant à ſes collègues qu'il y avait pour 19 milliards de papier-monnaie en circulation, s'écria : *Par-tout, la multitude des aſſignats eſt dénoncée comme la cauſe de notre pénurie & de nos maux.* . . . *La guerre terrible que nous avons faite à nos ennemis eſt le livre qui renferme le*

N 2

milliards d'émis, la tréforerie doit fort au-delà de ce qui refte à émettre pour atteindre à cette fomme (1).

Loin d'anticiper cette époque, renvoyons-la au mois de Mai, c'eft-à-dire à l'ouverture de la campagne prochaine. Une fois arrivée, je le demande de nouveau; quel expédient reftera-t-il au Gouvernement Républicain, pour faire face aux frais de cette campagne, & fur-tout pour préparer ceux de la fuivante? A moins de recourir à l'expédient des cédules, ou à celui d'un nouvel emprunt forcé, il n'en reftera que deux également incertains & bornées; favoir, l'impôt en nature & la vente du mobilier national, & des forêts ci-devant Royales. Déjà même le Directoire vient de demander à y être autorifé par un meffage qui, plus que tous les autres, complette le tableau de fa détreffe.

---

compte général de nos finances. J'en tombe d'accord avec lui; & je fuis de jour en jour plus convaincu, que l'hiftoire de cette guerre terrible fe trouve gravée fur la planche des affignats.

Iftbuc eft fapere non quid ante pedes modo eft;
Videre, fed etiam effe quæ futura funt profpicere.

(1) Si l'on fe rappelle que dès le milieu d'Octobre, Dubois Crancé a publié qu'en fabriquant 100 millions par jour, l'Adminiftration en fabriquait *à peine pour la moitié de fes befoins*; & qu'au commencement de Décembre le Miniftre des finances a ajouté que cette fabrication quotidienne de cent millions ne *fuffifait* déjà plus *qu'au tiers des befoins*, on comprendra que tous les affignats qui reftent à émettre font déjà dûs par anticipation, & que, bien loin de pouvoir être appliqués aux nouvelles dépenfes, ils fuffiront à peine pour faire honneur aux bons au porteur.

L'emprunt forcé doit sauver la République, a-t-il écrit au Conseil des 500, le 19 Décembre.—*Il remplira l'attente des vrais amis de la liberté—Mais*, continue-t-il, *ses résultats ne pourront suffire à la totalité des besoins. Il faut au Directoire un supplément de facultés ; il le faut sans délai ; il le faut très-puissant. Sans de très-grands moyens, le Directoire ne peut prendre à temps les mesures nécessaires pour les approvisionnemens des armées.*

Après avoir demandé en conséquence qu'on mette à sa disposition les *forêts*, le *mobilier national*, & les *biens de la ci-devant liste civile* (1), il ajoute : *Le*

---

(1) Le Directoire a été autorisé le 21 Décembre, à *disposer des bois d'une contenance moindre de 15 mille acres.* Je ne sais si l'on s'est flatté que les Anglais les acheteront pour en remplir leurs chantiers : en ce cas ce serait vraiment *faire flèche de tout bois* ; & je ne concevrais plus ce qu'on aurait voulu dire en représentant une pareille vente comme indispensable pour *assurer enfin au Gouvernement Républicain tous les moyens qui peuvent le faire triompher de ses ennemis.*

Quoi qu'il en soit, voilà donc ces beaux bois de construction qu'on nous représentait encore, il y a peu de mois, comme devant fournir des milliers de forteresses flottantes qui délivreraient les mers de la tyrannie Anglaise, & porteraient sur les côtes Britanniques *l'égalité* & la *fraternisation* ; les voilà, dis-je, enfin condamnées à tomber sous la hache du bûcheron. Telle est la dernière menace dont la République Française épouvante maintenant les habitans de cette Isle.

Qui l'incanto finì, sparir le larve.
Già vinto è della selva il fero incanto.

Il est vrai que, pour rendre cette ressource plus imposante, on a eu soin de la doubler, en mettant également en vente *sans délai tous les meubles, effets & marchandises, qui ne sont pas indispensables au service public.*

Quoi !

Directoire vous fait, citoyens, une vaste demande ; mais il faut que les Puissances ennemies apprennent ce que peut

---

Quoi ! la République Française, au milieu de ses trophées, en est donc réduite aux deux derniers expédiens des dissipateurs ! Elle a laissé dessécher la source de tous ses revenus ; elle a consommé ses capitaux ; elle a engagé ou aliéné tous ceux de ses domaines pour lesquels elle a trouvé des acheteurs ; on lui a vu fondre ses bijoux ; & maintenant qu'elle ne peut plus trouver ni dupes, ni usuriers qui veuillent lui faire aucune avance, elle embrasse avec transport les deux seules ressources qui lui restent : elle vend ses *meubles & ses bois de haute futaie*. C'est sur l'espoir de leur mince produit qu'elle vient se présenter avec une nouvelle audace pour soutenir le jeu de cette guerre destructive, & qu'elle se vante encore de faire sauter la banque infernale où elle s'est ruinée de fond en comble ! Quel magnifique héritage elle a réussi à dilapider, en si peu de temps ! Malheureuse famille Française ! Qui pourrait ne pas gémir sur votre destinée ! qui pourrait même s'en consoler, si l'on n'y voyait point la délivrance certaine de cette excursion de Vandales dont vos Chefs menaçaient encore l'Europe il y a peu de mois ! Eh ! que deviendrait le Continent Européen, si la Grande-Bretagne, à l'ascendant de laquelle vous venez de le livrer pour tant d'années, ne trouvait pas dans votre exemple, dans sa position insulaire, & dans ses intérêts bien entendus, un triple motif pour se préserver de la passion des conquêtes, pour maintenir l'équilibre que vous vouliez renverser, & pour protéger les Etats faibles contre l'envahissement des Etats puissans ?

Le Directoire s'est fait également autoriser par le même Décret " à faire procéder à la vente des maisons & parcs de St. " Cloud, Meudon, Vincennes, Madrid, Bagatelle, Choisy, " Marly, Chantilly, Chanteloup . . . . . & de toutes les maisons " & parcs dépendant de la ci-devant liste civile, ou provenant " des ci-devant Princes émigrés, à l'exception seulement des " maisons principales de Versailles, Fontainebleau, & Com- " peigne !"

Je

la nation Française, & ce qu'elle met au pouvoir de son Gouvernement pour les combattre. C'est-là ce qui peut seul conduire à une pacification, & la paix est la plus grande des économies. POUVOIR DÉPENSER BEAUCOUP EST LA MEILLEURE SITUATION POUR DÉPENSER PEU.

Je ne sais ce que le Directoire se flatte de retirer aujourd'hui de ces magnifiques maisons de plaisance& de leurs superbes jets d'eau : mais le Décret qu'il a obtenu pour les aliéner fait naître deux observations très-importantes : La 1re, que tandis qu'on continue d'émettre de nouveaux assignats, on cesse en même temps de brûler ceux qu'on retire, & que l'ordre de les *verser à la trésorerie nationale, pour être employés aux dépenses publiques*, est une véritable soustraction de leur gage. La 2de, que les Législateurs en sont réduits à ne plus mettre en vente que les biens de la liste civile, sur le prix desquels il n'y a point d'hypothèques privilégiées à rembourser.

Quand les forêts seront abattues ; quand les Maisons Royales auront été vendues pour la valeur des matériaux, & quand leurs meubles auront disparu ; quelle ressource pécuniaire restera-t-il encore à cette République militante ? Je n'en entrevois plus que deux.

1°, Les Diamands de la Couronne : & certes on n'a pas attendu jusqu'à ce moment pour chercher à s'en défaire, mais leur richesse même y met un obstacle invincible. Les deux principaux, le *Régent* & le *Sanci*, ont été estimés, l'un à 6 millions, l'autre à 4 ; mais l'on comprend aisément qu'il n'y a que des têtes couronnées qui puissent faire de pareilles acquisitions, & qu'il y a peu d'usuriers étrangers qui se soucient de réceler de semblables gages.

2°, La magnifique collection des Tableaux du Louvre. Mais ici se présente encore la même espèce d'obstacle ; car l'on doit croire qu'il ne se présentera pas beaucoup de compétiteurs pour acquérir les superbes tableaux dont on a dépouillé les Eglises

Quels mots dans la bouche de ces mêmes hommes qui ont *dépenſé* dans l'eſpace de cinq années infiniment au-delà de tout ce que diſſipa Louis XIV pendant plus d'un demi-ſiècle de guerres chevaleresques & d'extravagantes prodigalités! A qui le Directoire a-t-il eu l'effronterie d'adreſſer un pareil langage? A ceux de ſes Collègues Conventionnels qui ont diſſipé la fortune publique; aux auteurs de toutes ces *dilapidations dont*, comme l'a ſi bien obſervé . l'un

---

des Pays bas; & comme le droit de la guerre n'a jamais autoriſé de pareils vols, il eſt bien permis de ne les enviſager au Louvre que comme en lieu de dépôt, en attendant qu'on connaiſſe les conditions du traité de paix. On a reproché à Fréderic le Grand d'avoir abuſé quelquefois du droit de la victoire; cependant lorſque ce droit l'eut rendu maître de la ſuperbe Galerie de Dreſde, au lieu de la faire tranſporter à Sans Souci, il ſe borna à demander la permiſſion de faire copier l'un des tableaux. Quel contraſte!

Ce grand homme ne ceſſe d'inſiſter, dans tous ſes écrits, ſur ce que *le bon ou mauvais état des finances, influe plus qu'on ne le croit, ni qu'on ne le ſait, dans les opérations politiques & militaires.* Auſſi, en écrivant l'hiſtoire de la guerre de ſept ans, s'eſt-il attaché, par-deſſus tout, à faire reſſortir qu'ayant à lutter contre des forces trois fois plus nombreuſes, & contre des adverſaires infiniment plus riches que lui, il ſut ménager ſes reſſources de manière que celles de ſon ennemi ſe trouvèrent épuiſées avant les ſiennes, & que l'avantage définitif lui reſtât ſans avoir fait, tant s'en faut, la même conſommation que ſes adverſaires en hommes & en tréſors. Je ne ſais ſi l'homme de lettres que le Directoire vient de nommer *hiſtoriographe* de la République Françaiſe, ſe haſardera, comme le Roi de Pruſſe, à prendre pour meſure principale des victoires & des défaites reſpectives, le calcul comparatif du ſang & des tréſors qu'auront ſacrifié dans la guerre actuelle la France & la Coalition.

l'un d'entr'eux, *l'hiſtoire des hommes ne préſente aucun exemple!* (1)

Mais enfin leur prodigalité même aura accéléré le repos de l'Europe, en accélérant la cataſtrophe des dilapidateurs : elle s'approche cette cataſtrophe : déjà leur ton s'humilie : déjà ils entendent de toutes parts le craquement de ces tréteaux Républicains qu'ils s'étaient flattés d'élever ſur les ruines du trône. Ils avaient cru s'entourer d'une foule de courtiſans fidèles ; & à leur tour, ils les voient diſparaître à meſure que ces courtiſans acquièrent la preuve que la liſte civile eſt entièrement épuiſée, & qu'il ne reſte pas même de quoi ſoudoyer les bandes Prétoriennes.

Ah ! qu'il ſerait déplorable ſi les braves Germains, ou leurs Alliés découragés, rendaient eux-mêmes inutile tout le ſang verſé dans cette guerre, en ceſſant leurs efforts à l'époque où tout leur annonce plus que jamais, que ces efforts ſeront définitivement couronnés de ſuccès ! S'ils ont la puſillanimité d'acheter la paix par le ſacrifice d'aucune Province ; bientôt les maux qu'on aura crus finis recommenceront avec plus de violence ; bientôt les Etats dépouillés reprendront les armes, pour rentrer en poſſeſſion des départemens qu'ils auraient cédés ; & s'ils ne parviennent pas à les reconquérir, plus tôt ou plus tard l'ambition dévorante de cette République, qui n'aurait pas été punie, ſe livrera de nouveau à toute l'audace de ſes projets. Non, il n'y aurait plus déſormais de repos pour l'Europe, ſi elle donne aux Français la ſoif des conquêtes,

(1) *Le Couleux*, le 3 Décembre 1795.

en leur abandonnant le plus chétif des villages étrangers où leurs troupes ont mis le pied. Si, au contraire, les Puissances Continentales ont la constance d'attendre les événemens les armes à la main, tout leur garantit, que dans le dénuement absolu où la République Française va se trouver, elle ne tardera point à être réduite, soit à offrir la restitution de toutes ses conquêtes, soit à les voir évacuer par ses armées, qui se débanderont faute de paie.

J'avais développé ces deux assertions au mois de Mai passé; & je les ai répétées au mois de Septembre, *avec une confiance redoublée.*

M. de Calonne a trouvé le secret de s'en égayer à mes dépens.

Ainsi parle, ainsi affirme M. D'Ivernois, ... s'écrie-t-il : *Il est vrai que ce qu'il dit aujourd'hui, c'est précisément ce qu'il disait il y a neuf mois, sans que néanmoins il y ait eu depuis ni dissolution des armées, ni évacuation de conquêtes, ni supplication pour la paix ; mais ce petit mécompte sur l'époque de l'accomplissement de sa prédiction l'a point embarassé : au contraire, il répète ses assertions avec une confiance redoublée, & toujours il en appelle aux événemens. Puissent-ils être dociles à la voix du prophète !*

Le *petit mécompte* dont parle ici M. de Calonne n'est, si j'ose le dire, que le sien. Serait-ce en effet décréditer mes pronostics, qu'il décore du nom de *prophéties*, que d'anticiper l'époque même que j'avais indiquée pour leur accomplissement ? En cherchant à jeter du ridicule sur le *prophète*, il l'autorise à remettre sous les yeux du public, que ces événemens n'étaient annoncés que pour *le commencement, ou tout au moins pour la fin de la campagne prochaine.* Je ne connais guères de prédiction qui soit mieux en chemin de s'accomplir. Mais n'est-il pas étrange que l'écrivain, qui me reproche de m'être trompé sur l'avenir, ne s'apperçoive point qu'il se trompe lui-même sur le présent? Ignore-t-il, ou affecte-t-il d'ignorer, que la dissolution des armées, qu'il nie, se manifeste déjà par une suite de symptômes les plus effrayans pour la République?

Puisqu'il m'oblige à faire ici de nouveaux extraits des papiers Français; pour lui indiquer le premier de ces symptômes, je le prierai de remonter aux débats du 26 Juillet dernier, où *Villetard* s'écria que *jamais le crime de la désertion ne fut plus commun que depuis quelques mois:* puis, en arrivant au 26 Octobre, il verra *Guillemardet* annoncer à la Convention que *les officiers de santé attachés aux hôpitaux militaires se permettent d'abandonner leurs postes & de laisser sans secours leurs frères malades ou blessés.* Si cet abandon ne cadre guères avec ce que M. de Calonne appelle *le fanatisme* des Français, *redoublé par la calamité même,* il cadre un peu mieux, ce me semble, avec l'idée que j'avais donnée de l'espèce de fidélité qu'on serait en droit d'attendre de fonctionnaires qui ne reçoivent plus que la 100e partie de leurs salaires. Ne sachant où trouver ces salaires, la Convention, pour en dédommager les officiers de santé, a imaginé de décréter *deux années de fer* contre les déserteurs de toutes classes; elle a en même temps déclaré *nuls & non-avenus* tous les congés qui avaient été accordés jusqu'au 1er Novembre; enfin, elle a annullé de même la plupart des *réquisitions*, car il faut savoir qu'un grand nombre des défenseurs de la patrie avaient, par faveur ou par intrigue, trouvé le secret de se rendre *invulnérables*, comme l'a dit assez plaisamment l'un des Députés (1), & cela en se faisant *mettre en réquisition* pour tel autre service plus lucratif & moins dangereux que celui des frontières.

Malgré tant de précautions & de Décrets, l'exemple de la désertion a gagné des hôpitaux jusques dans les bataillons fanatisés. Même avant les revers sur le Rhin, une foule de guerriers en pleine santé avaient abandonné les bords de ce fleuve, pour se retirer tranquillement dans l'intérieur; & il est évident que cette disposition est générale dans toutes les armées, puisque, dans la séance du 25 Novembre, le Député *Marlot* a fait gémir le Conseil des Anciens *sur le scandale qu'ont donné les armées des Pyrénées, sur-tout l'armée occidentale, où l'on a vu*, dit-il, *les soldats retourner tranquillement dans leurs foyers par bandes de 60 ou 80 hommes avec armes & bagages.* Un mois après, *Poultier* a ajouté un nouvel éclaircissement sur ce *scandale*; il a révélé que *les vainqueurs des Pyrénées*, ceux du moins qui ne désertèrent point en route, étaient arrivés à temps pour réparer les vuides de la désertion de *l'armée d'Italie*, où ce Député affirma que *sur 30 mille hommes, 15 mille avaient abandonné leurs drapeaux.*

Tel est l'état de ces armées *fanatisées*, suivant M. de *Calonne*. C'est à lui à nous expliquer pourquoi il faut tant de décrets, tant de menaces, pour

(1) *Villetard*, le 1 Décembre 1795.

retenir sous leurs drapeaux ces soldats Républicains dont *le fanatisme redouble par la calamité même.* S'il voit dans leur désertion une preuve d'ardeur & de zèle ; qui pourrait s'étonner que dans la baisse des assignats, il ait vu les plus grandes ressources pour la France ? Son optique le trompe, parce qu'il y applique le verre de sa brillante imagination. Mais qu'il lise les derniers papiers Français, il y verra les preuves du *scandale* qu'avait dénoncé *Marlot* ; il verra qu'ils fourmillent de lettres des départemens les plus éloignés les uns des autres, lesquelles annonçaient depuis plusieurs mois, que les *jeunes gens de la première réquisition ont presque tous abandonné leurs drapeaux :* celles de Lyon déclarent *qu'ils y affichent le plus insolent Royalisme :* celles de Valence, entre autres, ajoutent même que des *déserteurs de dix-huit à vingt-cinq ans ont allumé dans le Puy-du-dôme une nouvelle Vendée, & qu'il s'y est réuni dans les montagnes* 1500 *déserteurs des différentes armées.* (1)

J'avais observé, que, pour arrêter ce mal dans sa source, la Convention s'était enfin décidée à accorder aux soldats 2 sous par jour en numéraire. Je puis ajouter maintenant que, quelque grand que paraisse ce sacrifice, & quelque douteux qu'il soit qu'on puisse le prolonger, il ne suffira point encore, puisque, même avec cette augmentation, les soldats ne reçoivent pas la moitié de la paie qu'ils recevaient sous l'ancien régime ; aussi la désertion est-elle plus forte que jamais. Qu'on lise les débats par lesquels

(1) Voyez le papier de la *Sentinelle*, du 30 Octobre, écrit par le Député *Louvet*.

la Convention a terminé sa carrière ; on les trouvera remplis de lamentations & de doléances sur cette funeste désorganisation des armées & sur l'épuisement imprévu de cette mine d'assignats qui jusqu'alors avait si magnifiquement soudoyé les 14 armées.

Vous ne pouvez pas, dit Rewbell, *établir la Constitution ; vous ne pouvez pas remettre le pouvoir exécutif entre les mains du Gouvernement, sans lui laisser au moins de quoi pourvoir aux frais de la campagne prochaine. Je reviens de l'armée, où je vous assure qu'on ne fait aucun service parce qu'on n'y envoie pas des fonds.—Votre systême d'assignats est si mauvais qu'il ne peut plus continuer.*

Considérons ensuite les premiers soins du Directoire Exécutif. Dès le sur-lendemain de son installation, il s'adresse au Corps Législatif pour l'inviter *à prendre en considération un objet de la plus haute importance, la rentrée au sein de leurs familles d'une multitude de défenseurs de la liberté, & les difficultés qu'éprouve le Gouvernement pour les rappeler à leurs drapeaux.* (1)

Quoique l'unique moyen de les y rappeler, eût été sans doute celui de les soudoyer, le Con-

(1) Neufs jours après, il est revenu à la charge en sollicitant le Conseil des 500 par un double message de *s'occuper des moyens de prévenir la désertion qui se multiplie dans les armées.* Dupuis on a indiqué plusieurs très-propres suivant lui à réparer ce qu'il a appelé ingénument *le vuide des armées* ; mais après avoir demandé que les parens fussent comme Brutus les juges de leurs enfans, il dénonça à leur tour ces nouveaux Brutus comme donnant eux-mêmes un asyle à ceux de leurs enfans *qui abandonnent lâchement leurs drapeaux.*

feil des 500, qui était à la recherche de ce dernier moyen, l'a laiffée de côté, à ce nouveau cri d'alarme, pour s'occuper, toute affaire ceffante, d'un code pénal contre la défertion ; puis à peine eut-il entamé cette nouvelle queftion, qu'il fut forcé de l'interrompre de nouveau, pour revenir à celle des befoins pécuniaires, dont la folution était encore plus urgente. Le Député *Quirot*, impatienté de toutes ces transformations de débats, s'en plaignit avec amertume: " On vous propofe de vous occuper des finances, " s'écria-t-il, au moment où toute votre attention eft " portée fur la défertion ; & quand les finances vous " occuperont, on viendra nous en diftraire, pour re- " porter les difcuffions fur la défertion. *Ainfi l'on* " *coupe le fil naturel des idées.*"

Mais n'en déplaife au Député *Quirot*, il me femble que, si les soldats Républicains défertent réellement par défaut de PAIE, s'occuper des moyens de trouver les fonds de cette PAIE avant de rédiger un code pénal contre les déferteurs, ce n'eft point là précifément *couper le fil naturel des idées* ; du moins ne pouvait-il s'en plaindre qu'en fe rangeant à l'avis de fon Collègue *Bezard*, qui s'eft écrié le 22 Novembre : *Citoyens ! n'accoutumons pas le militaire à ne faire fon devoir que pour de l'argent.*

Au refte, je conviens avec le Député *Quirot*, qu'il eft permis d'héfiter fur celui des deux gouffres qui peut paraître le plus inftant de combler, puifque, dans le cours de ces débats d'urgence, *Dupuis*, après avoir obfervé " que la victoire était autant attachée à la *conf-* " *tance* qu'à la valeur des Légions Françaifes," a dit à fes Collègues : *Ce n'eft qu'avec une profonde douleur que j'ai vu, en parcourant plusieurs départemens de la République, des troupes de déserteurs voyageant aussi tranquillement que moi sur la route.* Après avoir parlé des devoirs du soldat envers la patrie, « Il nous reste, « continua-t-il, à parler des soins que la patrie doit « prendre du soldat, qui *s'est trouvé souvent nud « & dans la misère.*» Alors il ajouta ces paroles remarquables : « Il est encore une autre cause ; « *c'est la modique* PAIE *du soldat en argent* ; car « celle qu'il reçoit en assignats ne peut guères se « compter en pays ennemis : & ici, il faudra bien « aborder *la grande question* de savoir si le cul- « tivateur & le marchand avide, dont le soldat dé- « fend les propriétés & le commerce, s'acquitte- « ront long-temps envers la patrie en une monnaie « qu'ils rejettent eux-mêmes, & qu'ils avilissent « chaque jour ; car il faudra en dernière analyse que « la République triomphe.» (1)

On voit qu'en première analyse, pour arriver définitivement à ce triomphe, il ne s'agit de rien moins que d'arrriver à quelque expédient pour faire payer

(1) Les débats du Conseil des 500, dans la séance du 21 Novembre, n'ont plus offert au lieu de cris de triomphe que des cris de douleur sur ce que ce triomphe se trouve arrêté tout-à-coup par l'inévitable dissolution des armées. *Il ne faut pas vous dissimuler*, a dit Talot, *que le soldat est mécontent ; que, s'il a pris les armes pour défendre la liberté, il pourrait bien les prendre contre, si le Corps Législatif n'adopte des mesures sages & prudentes. La désertion est devenue si fréquente depuis quelque temps à l'armée du Rhin, que ceux qui restent sont obligés de doubler leur service.*

payer en nature ou en espèces, à ce peuple de *Républicains fanatisés*, les taxes qu'il n'a pas même été possible jusqu'ici de lui faire payer en assignats. Puis, en admettant qu'on y réussisse, il se trouvera une autre difficulté à franchir, celle de renouveler & de multiplier ces taxes au point de suffire non-seulement aux dépenses ordinaires de la paix, mais en outre à celles de la guerre. Je suis fort trompé, ou ce ne sera que lorsque la République aura résolu ces deux problêmes que *Dupuis* pourra s'écrier, qu'il *faut qu'elle triomphe en dernière analyse*.

Il est vrai que je continue à tirer mes autorités des Législateurs Français, & des membres de leur nouveau Directoire, & qu'en conséquence M. de Calonne me reprochera toujours *de m'appuyer sur des monceaux de citations compilées dans les incohérens discours des oracles Conventionnels, qui sur cela n'en savent pas plus que ceux qui les citent*.

Mais qui donc devons-nous en croire sur *la nudité*, sur *la misère*, des armées Républicaines, & sur *la dé-*

---

service. Il faut des mesures sévères ; mais il faut de la sagesse, sans quoi la dissolution des armées devient inévitable.

Dans la séance du 10 Décembre, Lindet a tracé en peu de mots la véritable cause de ces *fréquentes désertions*.—*Nos entrépides guerriers*, a-t-il dit, *se voient chaque jour exposés à toutes les misères, à toutes les calamités qui peuvent affliger la nature humaine.*

De son côté, le Directoire a affecté de n'attribuer ces désertions qu'à la lâcheté, & non à la misère de ses guerriers. *Calculez*, dit-il à ses agens dans sa fameuse instruction, *calculez toutes les calamités dont sont les auteurs les lâches qui ont abandonné leurs drapeaux, les lâches qui n'ont pas voulu les joindre.*

fertion d'une multitude des défenfeurs de la liberté, fi ce n'eft les Proconfuls qui arrivent en hâte des armées pour révéler au public *qu'on n'y fait aucun fervice parce qu'on n'y envoie pas des fonds ?* Qui devons-nous en croire, fi ce n'eft un homme comme *Rewbell*, Préfident du Directoire fuprême, qui vient évidemment de préfenter aux deux Sénats Français cette terrible alternative—RÉORGANISATION DES FINANCES, OU DÉSORGANISATION DES ARMÉES ? Lorfque perfonne ne s'élève pour le contredire, tout le monde n'avoue-t-il pas qu'il a raifon ? Enfin, qui devons-nous en croire, finon des communications officielles & authentiques, de la part de ceux qui ont les plus grands motifs de pallier le mal, s'il était encore poffible de le pallier.

En vain M. de *Calonne* effayera-t-il de mettre de fimples théories à la place de cette déduction fimple & claire des Rapports & des débats des deux dernières Légiflatures Françaifes : en vain répéterait-il que ces Légiflatures prennent pour *épuifement de reffources ce qui n'eft que vice d'adminiftration*. Je tiens plus que jamais les reffources financières, & par cela même les reffources militaires de la République Françaife, pour décidément *épuifées*.

Ce n'eft pas cependant, qu'en fuppofant toujours la France livrée aux deux ou trois cents mille Jacobins qui l'ont déjà tant dévaftée, & auxquels le Directoire s'adreffe aujourd'hui pour en faire fes délégués, on n'apperçoive quelque poffibilité pour lui, de prolonger encore quelque temps fon exiftence & leur tyrannie. Sans doute les Jacobins, qui feuls femblent conftituer la Nation, & avoir confervé quelque énergie, peuvent se former de nouveau en escouades révolutionnaires, parcourir quelques-unes des Provinces ; arracher de leurs foyers les hommes, les vieillards, les enfans ; enlever les grains, les troupeaux, les étoffes ; traîner à leur suite leurs esclaves & leur butin au champ de bataille, & soutenir ainsi peut-être une campagne entière. Je conçois ce dernier mode de puissance du Directoire: mais la puissance nécessaire pour consolider une nouvelle République, la puissance qui appartient à une société organisée, à un Gouvernement sage & stable ; celle-là n'existe plus pour lui : le désespoir des uns, la férocité des autres, la misère de tous, l'ont anéantie ; & quant à la puissance indispensable pour continuer une guerre régulière, pour approvisionner des forteresses innombrables, pour défendre des conquêtes ouvertes de toutes parts, pour contenir des peuples conquis qui abhorrent leurs conquérans, pour recruter sans cesse des armées, pour les nourrir, les habiller, les solder, & les empêcher de quitter leurs drapeaux ; je laisse aux hommes qui ont étudié l'histoire, à prononcer si toute l'énergie des Jacobins Français pourra procurer cette puissance à leur Gouvernement Révolutionnaire, & prolonger au-delà d'une année les dernières convulsions de son agonie.

Français ! si ces feuilles, rapidement écrites, peuvent vous parvenir à temps ; recueilliez-vous du moins un moment pour mesurer l'abyme où vous plongent de plus en plus vos chefs, & pour calculer les suites des nouvelles déprédations que vous leur permettez. Voyez vos braves guerriers réduits à un dénuement ſans exemple, qui leur enlève déjà les moyens de marcher à l'ennemi, & les force malgré eux à déſerter leurs drapeaux. Pourriez-vous ne pas reconnaître la chûte aſſurée de votre République éphémère dans la cataſtrophe de ſes finances artificielles ; & vous flatteriez-vous encore que ce Coloſſe bleſſé mortellement en impoſera ſur ſon lit de parade aux Puiſſances Coaliſées ? Et penſez-vous qu'elles s'aveuglent ſur votre détreſſe, ou qu'elles vous abandonnent par découragement aucune des conquêtes qu'il a plu à vos Chefs de réunir à votre prétendue République *indiviſible ?* Dites-vous bien que depuis que ces derniers viennent de violer votre nouvelle Conſtitution, depuis qu'afin de prolonger la guerre au dehors, ils emploient de nouveau la terreur au dedans, ils vont faire à l'Europe un nouveau devoir de vous forcer à épuiſer la terreur ? Dites-vous bien, que chaque ſacrifice qu'ils vous arrachent pour prolonger la guerre ſous prétexte d'accélérer la paix, eſt pour vous une certitude de plus que ce ſacrifice ne ſera ni le dernier ni le moins déſaſtreux ; & que vos voiſins dépouillés y trouvent un nouveau garant de la reſtitution de toutes leurs provinces.

Je n'ignore pas que vos ſéducteurs eſſaient de flétrir du nom d'*apologiſte de la guerre*, quiconque tient un pareil langage : mais je ſais auſſi que le temps s'approche, où vous proclamerez comme *apôtre de la paix*, celui qui le premier éleva la voix pour vous conjurer de renoncer à la vaine gloire d'étendre les frontières de votre vaste empire, pour vous inviter à cultiver paisiblement le patrimoine de vos pères, & à embrasser la colonne d'une Monarchie tempérée.

Peut-être en est-il temps encore: mais ne vous le dissimulez pas; plus les hommes pervers qui vous subjuguent continueront à démoraliser le peuple, moins il sera possible de le gouverner ensuite sans une verge de fer. Jusques à quand souffrirez-vous qu'ils travaillent à le rendre incapable de toute espèce de liberté? Ah! si vous conservez encore pour elle le moindre reste d'amour, faites au moins un effort généreux pour reconquérir votre patrie. Au nom de la France éplorée, ne souffrez point que les successeurs de Robespierre achèvent d'en faire un désert; ne leur permettez point de la traîner expirante aux pieds d'un ennemi qu'il leur serait si facile de désarmer, & aux ouvertures pacifiques duquel ils ne cessent de répondre par de vaines & insultantes bravades (1). Réunissez-vous tous pour leur crier d'une voix ven-

---

(1) Voyez le dernier message adressé au Conseil des 500, par le Directoire Exécutif.

Le Directoire croit *toucher au point capital dont dépend le bonheur & la gloire de la France, une paix prompte,* FONDÉE SUR LA DÉFAITE ET L'HUMILIATION DE NOS RIVAUX MARITIMES. *Tel est l'objet de tous ses efforts, tel est le cri de la France entière.*

(Signé) REWBELL, *Président.*

gereſſe qu'ils ne l'ont que trop long-temps dévaſtée. Dites-leur, que le ſceptre de la France, enſanglanté dans leurs mains, ne peut plus être purifié qu'en étant dépoſé ſur le trône d'une Monarchie héréditaire, mais tempérée.

FIN.

APPENDIX.

Recherches ſur la Diminution du Numéraire de la France, ſur celle de ſon Capital & des Revenus de ſes Habitans. Tableau comparatif du Prix des Salaires, & de celui des Denrées.

PARMI les argumens de l'auteur qui m'a réfuté, il en eſt un ſur lequel ſes lumières en finance, ou ſon intime conviction, lui ont fait prendre un ton encore plus tranchant que ſur la plupart des autres : le voici. *Abſtraction faite de ce qui a trait à l'étranger,* IL EST CERTAIN *que vingt milliards, en monnaie d'or, qu'on aurait mis en circulation dans le Royaume, y auraient produit autant de ſurhauſſement dans le prix des ſubſiſtances & autres objets de vente, que vingt milliards en aſſignats.* (1).

---

(1) L'Ouvrage de M. de Calonne vient de paraître ſous le titre de TABLEAU DE L'EUROPE *en Novembre* 1795, & *Penſées,*

Sur ce qu'on a fait, & qu'on n'aurait pas dû faire ;
Sur ce qu'on aurait dû faire, & qu'on n'a pas fait ;
Sur ce qu'on devrait faire, & que peut-être on ne fera pas.

Voilà aſſurément trois énigmes préſentées d'une manière très-piquante...... Comme la 3e excitera ſur-tout la curioſité des lecteurs, je m'empreſſe de leur en dire le mot : c'eſt une *Proclamation* ſolemnelle dont M. de Calonne donne le modèle aux Puiſſances Coaliſées, & qui commencerait ainſi : *Français ! on vous a trompés ſur les motifs qui nous ont mis les armes à la main ; nous ne prétendons ni envahir, ni démembrer vos Etats,* &c. &c.

N'eſt-il pas bizarre que l'Ecrivain qui inſiſte pour qu'on *détrompe* les Français ſur l'opinion où ils ſont qu'on voulait démembrer leur patrie, place le modèle de cette proteſtation à la fin d'un écrit, dont le commencement eſt ſur-tout deſtiné à leur prouver le contraire, & où ce même Ecrivain a affirmé que *la guerre, qui devait être toute de généroſité, d'honneur & d'intérêt général, eſt devenue une guerre de cupidité, de vues illibérales, & d'intérêts privés ?...* Cette aſſertion s'y trouve appuyée ſur un long expoſé de *faits d'une notoriété publique,* & entr'autres ſur *la priſe de poſſeſſion de Valenciennes au nom de l'Empereur.*—Il ſemble au moins que,

J'ai relu vingt fois ce paragraphe avant d'en croire mes yeux; & je me demande encore, s'il est possible qu'un ancien Contrô-

---

pour être conséquent avec lui-même, M. de Calonne aurait dû commencer la proclamation à laquelle il invitait les Puissances Coalisées par ces mots: *Français, nous nous étions trompées sur les motifs*, &c. &c. &c.

La fin de cet écrit présente encore quelques légères contradictions du même genre : il faut, par exemple, ou que l'Auteur ait oublié tout ce qu'il venait de dire des assignats, ou qu'en y réfléchissant mieux, il ait fini par adopter toutes mes conjectures sur l'anéantissement inévitable de ce papier-monnaie, & sur la catastrophe intérieure qui en résultera, puisqu'il a fini par reconnaître que la Révolution a *dévoré jusqu'aux racines des ressources, soit naturelles, soit industrielles de la France.* Qui se serait attendu au tableau suivant qu'il a tracé du *délabrement effroyable des Finances*, p. 200 ? " L'entière destruction du revenu public, l'énormité " inouie des dépenses ; le désordre toujours croissant de l'Administration ; & le " dessèchement total des sources de la richesse de l'Etat. Nul commerce, nulle " industrie, nulle exportation des productions, nul crédit, nulle circulation de " numéraire, & une masse de papier si monstrueuse, si décriée, si funeste dans " son influence sur le prix des denrées, qu'*il n'y a personne qui n'en prévoie l'écroulement.* Que devenir ; sur quoi compter ; *à quoi s'attendre dans une pareille " situation ?*" &c. &c.

Je n'ai rien dit de plus vrai sur l'*écroulement* des assignats, & je n'ai point su peindre avec des couleurs aussi fortes l'horrible avenir auquel la France doit *s'attendre dans une pareille situation.* Assurément, si lorsque je lisais, dans les premiers Numéros de M. de Calonne, que l'écroulement des assignats, que j'avais envisagé comme le principe de la détresse de l'Etat, "*serait plutôt le principe de sa libération*—si, dis-je, j'avais pu soupçonner qu'il se réfutât si bien lui-même, je me serais très-volontiers dispensé de ce soin : du moins me serais-je abstenu de certains soupcons, que je regrette de n'avoir point su repousser lorsque je voyais cet ancien Ministre des Finances effrayer les Peuples coalisés par le tableau pompeux des ressources de la République Française. Je suis aujourd'hui convaincu que ce n'était là de sa part qu'un jeu d'esprit, & qu'il n'essayait de représenter la France comme étant encore redoutable, qu'afin de presser la convenance de la proclamation éloquente dont il se proposait d'offrir ensuite le modèle.

Peut-être est-ce en faveur de sa rétractation tardive sur les assignats, que l'Auteur du Tableau de l'Europe prie, dans ses dernières pages, qu'on *s'abstienne de nuire à son objet par la critique de son ouvrage, où par le mal interprété de ses intentions.* Il proteste *qu'il s'est attaché à convaincre plutôt qu'à plaire à personne* ; & il s'excuse de ce qu'il aurait *quelquefois fait filtrer un peu d'âpre dans la discussion de ce qu'il a cru devoir combattre.*

Je n'entrevois pas très-clairement ce qu'il entend par *faire filtrer un peu d'âpre* ; ce que j'apperçois mieux, c'est qu'il me paraît avoir manqué aux égards que se

leur des finances de France ait garanti comme *certain*, que si l'on avait jeté dans ce Royaume (en le supposant isolé) 8 ou 10 fois plus de monnaie d'or ou d'argent qu'il n'y en avait ; les subsistances ou autres objets de vente s'y seraient payés 1 ou 200 fois plus qu'auparavant, comme cela a été produit par les vingt milliards d'assignats qu'on y a mis en circulation.

Au lieu de nous perdre avec lui dans les espaces imaginaires, en calculant ce qui aurait pu être si les assignats eussent été des

---

devaient deux Ecrivains qui se piquent de quelque éducation. Mais bien loin que cet apperçu puisse me rendre injuste à son égard, je me fais un plaisir, & même un devoir de me réunir à lui sur la seule de ses opinions politiques qui lui a, dit-il, attiré la censure de quelques-uns de ses compatriotes établis en Angleterre. Non-seulement il avait eu la candeur de reconnaître, dans les premiers Numéros de son *Tableau de l'Europe*, que le Royaume de France *n'avait pas de Constitution* ; mais il y avait insisté sur ce que la *Monarchie tempérée est la forme de gouvernement qui convient le mieux à un grand Empire* ; il avait même recommandé de ne *point attacher strictement le retour de l'ordre au retour de l'ancienne Constitution sans aucun changement*, parce que, *dans l'idée factice du plus grand nombre des Français, elle signifiait le retour des anciens abus*.

Vivement attaqué sur cette opinion infiniment sage, il cite dans son Appendix, une de ses Lettres à Louis XVI, qui prouve qu'il n'est tombé dans aucune contradiction sur ce principe. Il fait mieux encore ; il persiste à le soutenir malgré les criailleries des zélateurs de l'ancien régime, & il termine son Tableau en insistant avec courage, sur ce *que le pouvoir monarchique doit être réglé & tempéré* en France *par des loix fondamentales, qui soient fixes, établies dans un Code solemnel, & préservées de la mutabilité à laquelle elles étaient sujettes, quand il dépendait entièrement de la volonté du Roi de les maintenir, ou d'y déroger.—Quiconque*, ajoute-t-il, *ne voit pas combien il est devenu nécessaire, pour le rétablissement de la Monarchie en France, d'annoncer que telle sera la base de la Constitution, est décidément aveugle ; quiconque n'en a pas le vœu dans l'ame, est fait pour être esclave ; quiconque, le pensant, n'ose pas l'exprimer, est un vil adulateur ; quiconque conseille aux Princes Bourbons d'annoncer des sentimens contraires, est leur ennemi personnel, & l'ennemi de la France entière.*

Voilà un sentiment vraiment élevé, & M. de Calonne l'a exprimé avec non moins de force que de dignité. Puissent les dernières lignes de son écrit faire une impression profonde sur ceux de ses compatriotes assez *décidément aveugles* pour lui reprocher une opinion que leurs plus pressans intérêts auraient dû leur faire embrasser depuis long-temps ! Jusques à quand s'obstinera-t-on à n'opposer que de petits préjugés aux plus grandes passions qui aient jamais déchiré une Empire ?

eſpèces métalliques ; examinons ce qui eſt, & fixons d'abord nos regards ſur ce que ſont devenues les richeſſes métalliques qui exiſtaient en France avant les aſſignats.

J'ai déjà eu lieu d'expoſer que plus des $\frac{5}{6}$ étaient paſſés dans l'étranger ; & ce fait ne peut guères être conteſté ; puiſque le Député *Dupont*, qui l'a affirmé, l'appuya dans le Conſeil des Anciens ſur des PIECES PROBANTES.—*En 1790*, leur dit-il, *le numéraire était eſtimé à deux milliards deux cents millions ; depuis ce temps, trois années de guerre nous ont obligés d'en envoyer pour ſolde de nos achats à l'étranger ſix cents millions par année ; cela fait dix-huit cents millions,* DONT LA SORTIE EST CONSTATÉE PAR PIECES PROBANTES. *Les émigrés en ont emporté une autre ſomme, dont la quotité ne peut être prouvée par aucune pièce ; vous comprenez tous qu'elle doit avoir été conſidérable. Il en eſt rentré quelque peu dans ces derniers temps, mais aucun calculateur politique n'oſera penſer ni dire qu'il y en ait actuellement pour plus de trois cents millions oſtenſibles ou en circulation.*—

Tandis que ce Légiſlateur Français, armé de *pièces probantes*, fermait ainſi la bouche à ceux de ſes collègues qui, en prêchant des meſures forcées, étaient par cela même ſi intéreſſés à le démentir, & qui, ſi cela eût été poſſible, l'auraient fait ſans doute, puiſqu'ils étaient ſur les lieux ; M. de Calonne donnait à Londres ſur ce grand ſujet un *apperçu* qu'il publiait comme *plus exact que tout ce qu'on a dit dans les pamphlets les plus affirmatifs. Tout conſidéré,* ON NE PEUT DISCONVENIR, écrivait-il, *qu'en réduiſant à 2 milliards* SEULEMENT, *la maſſe d'or ou d'argent monnaié ou non monnaié, qui, autrefois, était en France d'environ quatre, c'eſt plutôt ſe tenir au-deſſous de la réalité que l'outrepaſſer ; & certainement 2 milliards (80 millions ſterl.) ſuffiraient en France pour la circulation, puiſqu'il n'y en a pas moitié autant dans toute la Grande-Bretagne, où l'on ne compte que pour 29 millions ſterl. de numéraire.——On ne peut du moins ſe diſpenſer de reconnaître, que ce qu'on donne pour preuves d'un manque abſolu de richeſſes métalliques en France, n'eſt qu'un manque* D'HABILETÉ *à les faire ſortir de leurs retraites par des moyens qui appartiennent à l'intelligence de l'Adminiſtration plutôt qu'aux extortions de la violence.*

En attendant qu'il nous indique ces *moyens*, il eſt permis, ce me ſemble, de s'arrêter aux *pièces probantes* citées par *Dupont*. Or, comme elles *conſtatent* qu'il eſt ſorti de France au-delà des $\frac{5}{6}$ de ſon numéraire métallique ; j'invite mes lecteurs à s'arrêter ici ſur une obſervation importante : ſavoir, que dès que les deux ſignes réunis d'échange (je dis les deux ſignes, parce qu'il eſt juſte d'y joindre en ce moment les aſſignats pour une valeur réelle de 125 millions) ne ſont plus à la maſſe des ſignes qui exiſtaient en 1790, que dans la proportion d'environ 1 à 6, il en réſulte que ces ſignes, étant 6 fois plus rares, doivent avoir une valeur 6 fois plus grande ; & que chaque quotité donnée de ces ſignes devrait acheter 6 fois plus d'arpens de terre, ou 6 fois plus des produits de la terre, que cette même quotité n'en aurait acheté, lorſque ces ſignes étaient 6 fois plus abondans.

Nous allons déjà avoir une première démonſtration de ce principe dans le prix auquel ſe vendent actuellement en France, les terres non confiſquées. Comme les débats des Légiſlateurs Français n'offrent aucun document ſur ce point important, j'ai eu recours à des autorités auxquelles je me fie pleinement ; & j'en ai reçu l'aſſurance que le prix moyen des terres non confiſquées, eſt aujourdhui en France d'environ 5 ou 6 fois le revenu auquel elles étaient affermées en 1790 ; bien entendu qu'il eſt queſtion de numéraire. Ce fait, qui s'explique de lui-même, par la rareté des ſignes d'échange & par l'extrême inſécurité des poſſeſſeurs légitimes, explique en même temps pourquoi les terres confiſquées ne trouvent plus d'acheteurs, qui ſe ſoucient de les acquérir au denier 2.

Il eſt facile maintenant, à l'aide de ces deux faits, de calculer l'énorme réduction qu'a éprouvé la France dans ſon capital territorial. On ſait qu'en 1790 l'Aſſemblée Conſtituante eſtimait le revenu annuel, net & impoſable, de toutes les terres du Royaume, à 1 milliard & demi, qui, multiplié par 30, préſentait un capital de . . . . milliards 45.

En admettant que les terres confiſquées, ſoit ſur le Clergé, ſoit ſur la Couronne, ou ſur les émigrés, ne formaſſent qu'un tiers du revenu total, c'eſt-à-dire 500 millions ; leur capital, eſtimé aujourd'hui au denier 2, ne s'élève plus qu'à - milliard 1

Le revenu non confiſqué des deux autres tiers, eſtimé au denier 6, s'élève à - - - milliards 6

Totalité du capital territorial - - milliards 7

Voilà donc ſur cette partie principale du capital de la France une diminution de plus de $\frac{5}{6}$, ſoit de 38 milliards (1). Quelque inconteſtable que ſoit ce réſultat ; je ne prétends point en inférer que la valeur intrinſèque des terres de la France ait éprouvé un pareil déchet : j'en conclus ſeulement, que leur déchet a ſuivi de très-près celui du numéraire, & j'en tire la preuve que la France a perdu pour le préſent les $\frac{5}{6}$ de ſon capital échangeable, ſoit en terres, ſoit en eſpèces. Or, c'eſt ſur-tout parce que cette perte a renverſé l'ancien rapport de ſon capital échangeable avec les capitaux du reſte de l'Europe, qu'elle lui ſera ſenſible, lorſqu'il s'agira pour les Français d'y reprendre leur équilibre commercial.

Peut-être ne ſera-t-il pas inutile de comparer ici cette énorme déchet du capital territorial de la Nation Françaiſe, avec celui que produiſit dans la valeur des terres la longue guerre inteſtine qui déchira la Grande Bretagne pendant les guerres des maiſons d'York & de Lancaſter. Le Chevalier *Forteſcue* & d'autres auteurs contemporains nous apprennent que, ſous le règne d'Edouard III, la valeur des terres s'était élevée au denier 25, & qu'elles tombèrent graduellement au denier 10 ſous le règne d'Edouard IV. Tels furent les effets déſaſtreux de cette guerre civile, qui dura tant d'années, & pendant leſquelles le vainqueur confiſqua à ſon profit environ la 5e partie des terres de tout le Royaume, dont il vendit ou diſtribua pluſieurs à ſes partiſans au denier 2.

---

(1) Trois raiſons me font préſumer que cette diminution doit être bien plus conſidérable encore ; la 1re, que dans ce revenu net & annuel de 1500 millions, l'Aſſemblée Conſtituante avait *compris*, comme le dit Dupont, *les produits de la pêche en mer, ceux des mines, ceux des carrières, & ceux des Colonies* ; la 2de, que je ne fais aucun doute que même en comprenant tous ces produits, le revenu net & impoſable des Français avait été eſtimé infiniment trop haut, lorſqu'on le porta à 1500 millions ; la 3e, que je ſuis convaincu qu'au moment où j'écris ceci, les terres non confiſquées ne peuvent déjà plus ſe vendre au denier 6.

Jusqu'ici les rapports sont frappans ; mais ce qui me reste à ajouter ne l'est pas moins ; c'est qu'il fallut à la Grande-Bretagne près de deux siècles & demi, pour que ses terres reprissent leur ancien prix. Je suis bien persuadé qu'à l'aide d'une Constitution Monarchique mais libre, & sur-tout à l'aide d'une restitution universelle de toutes les propriétés confisquées, la France réussira à rendre beaucoup plus rapidement aux terres de ce beau Royaume toute la valeur qu'elles avaient atteint à la dernière convocation des Etats Généraux : mais j'ai cru que c'était un rapprochement qui appartenait à l'histoire des convulsions politiques, de montrer que les Anglais, pendant tant d'années d'une guerre civile désastreuse, ne réduisirent que de $\frac{1}{3}$ le prix de leurs terres, tandis que les Français ont trouvé le secret de réduire le prix des leurs à plus de $\frac{5}{6}$ ou à $\frac{14}{15}$, dans le court espace d'une révolution de six années.

Quant aux capitaux appliqués au commerce & aux manufactures ; ceux-ci ont éprouvé en France, je ne dis pas seulement une diminution semblable, mais une annihilation presque totale ; car tous les anciens atteliers des manufactures, & les immenses dépôts de marchandises, n'ont laissé pour ainsi dire aucune trace dans ce malheureux pays. *Nantes, Bordeaux, Lyon, Sedan, Marseilles, ont été exterminés, & Orleans a été décimé,* a dit Dupont le 10 Décembre. Son Collègue *Coren-Fustier* appuya ce tableau par les développemens les plus tristes & les plus détaillés, en passant en revue toutes les classes, qui avant la Révolution possédaient quelques fonds en réserve. « Jetons un coup-d'œil rapide sur la situation « de la France, & examinons, » dit-il, au Conseil des Anciens, « quelles sont les classes susceptibles de la contribution à l'emprunt « effrayant qui vous est proposé. »

« Sera-ce la classe *ci-devant privilégiée ?*.... Les expropriations « qu'elle a éprouvée, les sequestres dont la grande majorité est « frappée, les dépenses nécessaires par les assassinats, les emprisonnemens, & les exils qu'on lui a fait essuyer ; les vols, les pillages « qu'on a exercés sur son mobilier, son numéraire & ses autres « effets ; la loi que lui impose le Gouvernement d'échanger son or « & son argent contre les inscriptions sur le Grand Livre, aux « conditions les plus onéreuses, l'ont réduite à une telle détresse,

" qu'il n'eſt plus poſſible de fonder des eſpérances ſur cette reſ-
" ſource."

" Sera-ce la claſſe des *ci-devant Bourgeois?* Mais, comme la " precédente, elle a été empriſonnée, pillée, volée, preſſurée; " car vous n'ignorez pas que les talens, les vertus, & les facultés " ont partagé les perſécutions dont je viens de vous tracer l'eſquiſſe. " Les moyens de ſubſiſtance des Bourgeois conſiſtaient d'ailleurs " en rentes ou ſur l'Etat ou ſur les particuliers, en capitaux, ou en " baux à ferme; & vous n'avez pas perdu de vue le ſort de cette " portion nombreuſe de la ſociété. Après avoir épuiſé toutes ſes " reſſources pour ſe ſubſtanter, elle périt de misère dans les gre-" niers."

" Sera-ce celle des *négocians?* Mais la plaie encore ſaignante " du *maximum*, mais les cicatrices encore douloureuſes des réquiſi-" tions, les pillages qu'une démagogie inſolente & forcenée n'a pas " ceſſé de provoquer, les terreurs qu'on s'eſt permis de leur inſ-" pirer, (nous avons entendu ſur cette tribune un orateur s'écrier " qu'*il fallait les pendre, après les avoir pillés)*—mais les amer-" tumes dont ils ont été abreuvés, les entraves qu'ils ne ceſſent de " rencontrer dans leurs ſpéculations utiles, ont épuiſé & découragé " la partie des négocians vertueux, au point que ce ſecours ſera " également infructueux."

" D'autre part, les *agriculteurs probes & ſenſibles*, & j'aime à " penſer qu'ils ſont en majorité, ſont également épuiſés par les deux " derniers fléaux du *maximum* & de la *réquiſition*, par le paiement " des contributions & des ouvriers en nature.

" Nous ſavons tous que *l'artiſte* eſt dans l'indigence; l'artiſan vit " du jour au jour; en un mot, il faut convenir que la détreſſe eſt " générale: l'exécution du projet dont il s'agit, eſt donc impoſ-" ſible.

" On peut m'objecter que la France ayant toujours été très-riche, " il faut que les richeſſes ſe trouvent quelque part, & qu'il importe " de les atteindre. A cela je réponds que notre or, nos bijoux ſont " paſſés chez l'étranger par l'émigration ou les achats; qu'une " autre partie a été enfouie par les victimes de la tyrannie; & qu'il

" eſt impoſſible de les retrouver ; *attendu que les morts ne reviennent* " *pas*, & que l'agiotage a pompé le reſte."

Qu'on s'arrête un moment ſur cette ſuite d'aveux authentiques qui conſtatent l'anéantiſſement de la plupart des richeſſes de la France, & entr'autres la perte preſque totale de ſon numéraire. Qu'on la compare enſuite avec le prix actuel des ſubſiſtances, & l'on aura la démonſtration, que le pain ſerait environ 5 à 6 fois plus cher s'il ſe vendait encore aujourd'hui au prix de 2½ ſols la livre comme en 1790 ; & qu'il eſt 10 à 12 fois plus cher, même à Paris, s'il eſt vrai qu'il y coûte 5 ſols en eſpèces la livre, comme l'indiquent les dernières lettres (1).

A Dieu ne plaiſe qu'on pût en augurer que le bled ſoit aujourd'hui 12 fois plus rare en France qu'avant la Révolution. De quelle épouvantable famine ce malheureux pays ne ſerait-il pas menacé en pareil cas ! & que d'innocens périraient encore avant que les vrais auteurs de cette calamité en fuſſent ſeulement atteints !

Sans doute que la diſette des ſubſiſtances eſt infiniment plus grande en France que dans aucune autre contrée de l'Europe ; mais leur exceſſif renchériſſement doit y être attribué en plus grande partie au défaut de circulation, au bouleverſement de tout ordre ſocial, & ſur-tout au calcul bien ſimple qui empêche les fermiers d'échanger leurs grains contre un papier ou des eſpèces, dont on ſaurait qu'ils ſont les détenteurs, & qu'il ſerait dès-lors plus facile de leur enlever qu'il ne peut l'être de vuider leurs greniers. En peſant toutes ces circonſtances, j'héſite à prononcer s'il n'y a pas autant d'engorgement artificiel que de diſette réelle (2). Mais ce ſur quoi il eſt impoſſible

---

(1) Au 1er Janvier la livre du pain s'y vendait 50 à 60 livres en aſſignats. Or 50 liv. en calculant le louis à £.4800, correſpondent à cinq ſols.

(2) L'Auteur du *Tableau de l'Europe* héſite moins que moi à repouſſer toute idée qu'on puiſſe être *menacé de famine* en France. Après en avoir appelé à *l'abondance reconnue de la dernière récolte ; quelle chimère*, s'écrie-t-il, *d'imaginer qu'on doive mourir de faim dans le pays le plus fertile & le plus agricole de l'Europe, dans un pays qui, année commune, produit plus qu'il ne conſomme !—Par un travail fait avec ſoin*, ajoute-t-il, *dans un temps où il y avait une Adminiſtration attentive*,

d'héfiter, c'eft fur la caufe première de ce double défaftre. Qui ne voit qu'elle eft dans l'avide impéritie d'un Gouvernement qui n'a plus la force ni de protéger les propriétaires, ni de les dépouiller, & qui a cependant encore les moyens d'empêcher les agriculteurs de vaquer paifiblement à leurs occupations ?

Qu'on me permette ici une courte digreffion fur le renchériffement du prix des grains en France.—C'eft bien moins en proportion de l'accroiffement du numéraire, qu'en raifon des progrès de la civilifation, que depuis deux ou trois fiècles leur prix s'eft établi dans toute l'Europe. En France fur-tout, chacune des guerres civiles qui y troublèrent l'agriculture, & ébranlèrent la propriété, fut particulièrement fignalée par quelque renchériffement plus ou moins grand des comeftibles. Celui dont les hiftoriens nous ont confervé le plus ancien fouvenir, eut lieu en 1304 pendant la longue guerre du règne de Philippe IV. La perte de la bataille d'Azincourt en produifit un autre bientôt après ;

---

il a été vérifié qu'une récolte ordinaire, prife fur la totalité du royaume, EXCÉDAIT, D'UN HUITIEME AU MOINS, *ce qu'il fallait pour nourrir la totalité des habitans,* &c. &c.

M. de Calonne eft-il bien fûr que la dernière récolte foit *reconnue abondante?* Eft-il également fûr que la France foit le *pays le plus fertile & le plus agricole de l'Europe?* Enfin, eft-il bien fûr que la *vérification* qui le prouve, & qu'il cite, ait jamais eu lieu ?.... Si le *travail* dont il parle a été fait *avec foin,* ce travail aura fans doute indiqué les débouchés par lefquels s'écoulait ordinairement hors de la France cet immenfe excédent d'un 8e de fes fubfiftances. Jufqu'ici, en parcourant les ouvrages immortels des Economiftes Français, je n'avais fu trouver fur cette vérification que les affertions les plus contradictoires ; & quoique, le plus fouvent, elles y fuffent données comme axiomes, j'avoue que j'en avais toujours conclu qu'aucune Adminiftration n'avait encore daigné s'occuper d'un pareil *travail.* M. Necker, après avoir cherché à découvrir s'il y avait réellement en France déficit ou excédent de fubfiftances, fe contente d'expofer que les exportations des grains, & autres comeftibles, ne montaient, année commune, qu'à 16 millions, tandis que les importations s'élevaient à 40 millions. Si, comme je le fuppofe, M. *de Calonne* décline l'autorité de M. *Necker,* je lui oppoferai celle du Député *Giraud,* qui a tenu, le 24 Octobre, à fes Collègues, le langage fuivant : *Long-temps on vous a dit que la France fe fuffifait à elle-même ; il a fallu long-temps pour vous en diffuader. La défaveur accueillait celui qui difait cette vérité.*

& toutes les commotions inteſtines qui déſolèrent enſuite ce Royaume y furent marquées par quelque diſette réelle, ou par le renchériſſement des ſubſiſtances. Sous Charles VII, ſous Henri IV, ſous Louis XIII, & même ſous Louis XIV, chaque faute des Rois, & chaque inſurrection des peuples, a été immédiatement ſuivie par cette même eſpèce de calamité. Et certes, ſi c'eſt par l'étendue d'une calamité ſemblable qu'on peut le mieux meſurer les fautes qui y donnèrent naiſſance ; il n'eſt dans l'hiſtoire de France aucune cataſtrophe, comparable à celle de la Révolution actuelle, ſur-tout s'il eſt vrai, comme vient de l'affirmer *Lindet* dans le Conſeil des Anciens, le 10 Décembre, que *déjà, dans pluſieurs départemens, on vend £.100 en numéraire le ſac de bled qui ne coûtait que £.25 en* 1790.

Quelques écrivains Français, entr'autres les Rédacteurs du Journal *des Loix* du 2 Décembre, tout en ſe plaignant *du renchériſſement inſoutenable de toutes les choſes néceſſaires à la vie,* ſont fort embarraſſés de ce que (à l'époque où les aſſignats étaient dans le rapport de 150 pour 1 contre l'eſpèce), certaines denrées très-rares, comme la viande, ne ſe vendaient encore en aſſignats que 60 ou 80 fois plus qu'avant la Révolution ; *tandis que le bled, qui,* diſent-ils, *ne manque pas en France, vaut* 200 *fois la valeur de* 1790.

Ce qui leur paraît une exception aux principes, pourrait bien en fournir la preuve. Si, à l'époque où ils écrivaient, le froment ſe payait 200 fois plus en aſſignats, ou, ce qui revient au même, un quart en ſus de ce qu'il coûtait autrefois en eſpèces ; ce renchériſſement s'expliquerait par la ſuppoſition qu'il ſerait d'un quart plus rare qu'il n'était alors, c'eſt-à-dire, qu'en faiſant abſtraction de la Révolution, des aſſignats, & de la rareté actuelle du numéraire, le pain ſe ſerait payé aujourd'hui 4 ſols la livre, s'il ſe vendait 3 ſols il y a ſix ans. Peut-être même pour l'élever à ce prix, aurait-il ſuffi d'une fauſſe alarme de diſette chez un peuple d'autant plus agité par la crainte de manquer de pain, qu'il en a manqué plus d'une fois, & qu'il s'eſt vu trop ſouvent la victime de l'ignorance de ſes adminiſtrateurs & de tant d'eſſais dont ils ſe ſont alternativement diſputé l'honneur ſur le commerce des grains.

Mais le problême le plus difficile à réſoudre aux yeux des Pariſiens eſt celui-ci. Comment la viande, dont la rareté proportionnelle est surement le double plus considérable que celle des grains, se vendait-elle en Novembre 1795, presque la moitié moins qu'elle ne se vendait en 1790 ? Si ce dernier fait est exact, je suis bien convaincu qu'il ne pouvait l'être que relativement à Paris, & il s'y explique de lui-même, quand on se rappelle que *Vernier* a avoué le 16 Juin que la seule consommation de cette Capitale en viandes coûtait au Gouvernement un sacrifice de 37 millions par mois. Mais ce qui peut être vrai dans la capitale pour une denrée que les provinces fournissent à très-haut prix à l'Administration qui la revend à perte aux Parisiens, ne peut point être vrai pour les consommateurs de ces mêmes provinces : or comme il y a tout lieu de croire que la viande y est au moins quatre fois plus rare qu'avant la révolution ; si son prix n'avait point augmenté, on ne pourrait s'en rendre compte, qu'en admettant que cette Révolution a complettement ruiné les trois quarts des classes qui pouvaient se donner autrefois la jouissance de cet aliment, ou, ce qui reviendrait au même, que le nombre d'individus qui en consommait demi-livre par jour n'est plus assez aisé pour en acheter aujourd'hui au-delà de deux onces.

Je crains bien que ce résultat affligeant n'ait rien d'exagéré ; & je ne saurais m'arrêter au tarif des prix de Paris relativement à la viande, lorsque je considère que les chandelles, qui y sont envisagées aujourd'hui comme un *objet de luxe*, & dont le Gouvernement en conséquence s'est cru dispensé d'approvisionner à ses fraix le peuple de Paris, y ont éprouvé depuis long-temps, le renchérissement le plus disproportionné à la baisse des assignats. Ce renchérissement a été tel, qu'on assure, qu'il y a eu certaines époques où le Citoyen de Paris a trouvé une espèce d'économie, à aller à l'opéra pour économiser la chandelle qu'il aurait brûlée chez lui. (1)

C'est ainsi que l'arithméticien politique se trouverait souvent en défaut s'il s'avisait d'appliquer ses règles ordinaires à toutes

(1) Au 20 Thermidor dernier, époque où les assignats se trouvaient à Paris dans le rapport de 22 à 1 contre le numéraire, & où St. Aubin publia son *tableau comparatif des denrées & marchandises*, le prix de la viande, en assignats, était aux anciens prix en espèces dans le rapport de 20 à 1, celui de la chandelle dans le rapport de 56 à 1, & celui du pain dans le rapport de 107 à 1. Cependant la journée du tailleur n'avait renchéri que de 1 à 15.

les époques d'un Gouvernement Révolutionnaire. Sous toute autre espèce de Gouvernement, par exemple, la valeur de l'or contre les denrées, ou contre le papier-monnaie, pourrait servir de régulateur assuré dans la plupart des calculs: cependant, en l'appliquant à la France d'aujourd'hui, les calculs risqueraient d'autant plus d'être déjoués, que le rapport de l'or avec l'argent n'y est point réglé, tant s'en faut, sur le même pied que chez les autres nations, puisqu'il est d'environ 10 pour cent de moins contre l'argent. Ceci paraîtra encore étonnant: néanmoins la raison en est bien simple; c'est que l'argent contient 15 fois moins de valeur que l'or dans le même volume, & que pendant les Révolutions chacun s'attendant au signal de *sauve qui peut*, s'y prépare d'avance en payant une forte prime pour l'espèce de cargaison qui est le plus susceptible d'échapper à l'œil du Pirate. Voilà précisément la raison pour laquelle la viande a été depuis deux ou trois ans en France à un prix proportionnellement plus bas que les autres denrées; car si les bestiaux ont été envoyés par milliers dans les boucheries de la Capitale & aux armées, c'est qu'il était impossible que ce genre de propriétés échappât aux *réquisitions* révolutionnaires & aux *sommations* constitutionnelles. Je ne sais si le Gouvernement actuel se félicite, ou crie au miracle, en voyant qu'il a réussi à renverser dans leurs rapports respectifs les prix de la viande & du pain; mais il ne tardera pas à découvrir que ce renversement est une des plaies les plus profondes que la France aura à fermer, & que cette plaie s'élargit chaque jour. En effet, si l'on se rappelle que ce qui entravait sur-tout l'agriculture Française avait été le défaut d'engrais, & le manque des bestiaux qui les produisent; on pourra se faire une idée du long appauvrissement auquel elle se trouvera condamnée pour avoir consommé les trois quarts des bestiaux, tout en multipliant considérablement le labourage des terres destinées à la culture des grains. Ou je suis fort trompé, ou les Français sont enfin à la veille de comprendre le sens de ce mot profond d'un de leurs meilleurs économistes. *Vous auriez bien plus de bled si vous aviez moins de champs*. J'ose garantir que le temps s'approche où l'habitant des campagnes ouvrira les yeux, comme celui des villes, & où le premier soin qu'il réclamera de son

Gouvernement régénéré, fera des mesures févères pour la propagation & la confervation des beftiaux. (1)

Le prix du bois a diminué en France précifément par la même raifon que celui de la viande ; parce que de toutes parts on a abattu les forêts : mais il n'en eft plus de même des autres denrées, qui toutes ont augmenté dans leurs prix relatifs. Lorfqu'on en étudie le tarif, on eft tout furpris de voir que, par cela même que le pain eft devenu la plus chère, celles qui peuvent fe confommer fans avoir befoin de pain pour accompagnement font celles qui ont fucceffivement le plus renchéri. Croirait-on qu'il y a eu même telle époque où les habitans de Paris ont vécu avec une demi-livre de viande fur une once de pain ?

Je recueille ce fait remarquable dans un petit écrit, publié à Paris il y a 6 mois, intitulé, *Tableau comparatif des denrées & marchandifes.* Comme le Citoyen *St. Aubin,* dont il porte le nom, me paraît fans comparaifon l'efprit le plus étendu & le plus net qui ait traité des finances de France depuis quelques années ; je prends la liberté d'inviter M. de Calonne à le lire ; & je me flatte d'exciter fa curiofité, en lui citant ici quelques-uns des principes très-lumineux qu'il y trouvera.

" Pour réparer d'anciennes fottifes, on eft fouvent obligé d'en " faire de nouvelles."

" La France ne produit pas affez de denrées de première né" ceffité pour nourrir fes habitans.—Elle ne fournit point année " commune la quantité de bled néceffaire pour fa con" fommation."

---

(1) Les Légiflateurs actuels commencent déjà à élever eux-mêmes cette réclamation : *On a fait difparaître les beftiaux, on a ceffé de multiplier les élèves,* vient de dire Beffroy, dans fon Rapport du 1er Janvier 1796. *La crainte de refter fans emplois a conduit à la pourfuite de l'or, qui peut s'enfouir, s'emporter, & s'échanger avec tout ; vous en éprouvez aujourd'hui les funeftes effets —Déjà des fermes abandonnées ne trouvent point de nouveaux maîtres qui veulent faire les avances confidérables qu'exige leur remife en valeur,* &c. &c.

C'eft dans ce même Rapport qu'il s'eft étendu fur *les fléaux qu'entraîne dans fa courfe rapide & convulfive, une* RÉVOLUTION GLORIEUSE, *mais dont les orages ont parcouru fucceffivement les villes & les campagnes, les plus grandes cités & les plus petits hameaux.*

" Avant la Révolution, nous manquions déjà de bestiaux en " France pour les engrais, au point que tous les gens instruits " attribuaient la supériorité incontestable de l'agriculture An- " glaise sur la nôtre, principalement à la quantité propor- " tionnellement plus grande de bestiaux, qui leur fournissent " tous les engrais nécessaires pour tirer de la terre tout le parti " qu'on peut en tirer."

" Le meilleur Gouvernement, en s'y prenant le mieux du " monde, nourrit mal les citoyens lorsqu'il s'en mêle, & les af- " fame lorsqu'il s'y prend mal."

" La prétention des habitans de Paris de vouloir être nourris " aux fraix de toute la République, est une véritable Aristo- " cratie."

" Nous aurions beau avoir la paix avec l'univers, & la meil- " leure Constitution du monde, que cela ne nous donnerait pas " un quintal de bled de plus, si nous ne cultivons pas mieux & " davantage ; & pas une livre de chandelle de plus, si nous " n'engraissons pas nos bestiaux."

En méditant sur la baisse progressive des assignats, qui, bien que portés à 20 ou 30 milliards, n'offrent déjà plus pour les échanges qu'un signe de 125 millions, & en apprenant par les débats du Conseil des Anciens que le numéraire en circulation ne s'élève qu'à 2 ou 300 millions, on arrive à d'autres résultats, plus certains & non moins affligeans que celui que je viens d'exposer.

En effet, puisqu'une totalité d'environ 400 millions de signes suffit de reste aujourd'hui pour tous les échanges de la France, qui en exigeaient environ 6 fois plus il y a 6 ans ; la conclusion qu'on est conduit à en tirer est affreuse, & je crains bien cependant qu'elle ne soit trop fondée, c'est que le capital territorial, mobilier, productif, industriel & échangeable de la France, s'est tellement consommé & dissipé pendant la Révolution, qu'il se trouve réduit dans la même proportion que ses signes représentatifs ; en sorte que, pendant chacune des cinq dernières années, la France aurait absorbé environ la sixième partie du capital échangeable qu'elle possédait encore en 1790 !

Quant au prix actuel des salaires ; on trouvera dans le petit ouvrage d'un grand sens, dont j'ai parlé ci-dessus, un tarif d'autant plus précieux qu'il est peut-être l'une des meilleures données pour calculer les effets présens & futurs de la Révolution. On y verra que, quoique la hausse progressive de la main-d'œuvre ait suivi plus ou moins la baisse des assignats, cette hausse s'est trouvée suspendue ou modifiée dans les villes par la ruine des fortunes dont ce tarif fournit par cela même une espèce de thermomètre. On y verra que les jardiniers, en raison du besoin extrême qu'on a eu de leur genre d'industrie, sont les seuls dont la main-d'œuvre ait augmenté de prix; que les maçons, qui avait prospéré tandis qu'on démolissait de toutes parts, & que les spéculateurs bâtissaient de toutes parts pour *mettre*, disaient-ils, *leurs assignats en pierres;* n'a plus de moyens de subsistance, depuis qu'on a cessé de bâtir, de peur d'être dénoncé comme riche. On y verra que les perruquiers, & même les maîtres élémentaires de calcul & d'ortographe, ne gagnent qu'environ la cinquième partie de ce qu'ils gagnaient autrefois; que l'état de porteur d'eau, qui ne demande ni avances ni apprentissage (& que par cela même beaucoup de gens ruinés ont pu facilement entreprendre), est celui dont le prix la main-d'œuvre a le plus baissé. Enfin, j'ai lieu de croire qu'aux yeux de tout homme judicieux ce tarif des salaires expliquera la nature du *fanatisme* qui a poussé tant d'habitans des villes dans les armées au milieu desquelles ils trouvent, sinon une plus forte paie, du moins une subsistance assurée, ou la délivrance de leur malheureuse existence.

Au reste, le public vient d'obtenir sur le prix de la main-d'œuvre en France des détails plus récens, & d'autant plus dignes de foi, qu'ils sont garantis par les deux Français Républicains qui ont étudié depuis plus long-temps, & avec le plus de suite, tout ce qui a rapport à l'économie politique, les Députés *Le Coulteux & Dupont de Némours*.

Ce dernier a assuré, dans la séance du Conseil des Anciens du 10 Décembre, " Que les fraix de culture & d'exploitation " sont considérablement augmentés, parce que les bras étant " devenus plus rares, la concurrence entre les entrepreneurs de " culture a été plus grande pour chercher du travail; & parce " que les mœurs de la révolution ont introduit parmi les ouvriers " de culture, l'habitude de faire de plus fortes consommations."

Il cita entr'autres à ses collègues, *un fait sur lequel chacun d'eux*, dit-il, *pouvait avoir des lumières. Le battage des grains est renchéri d'un quart en nombre de boisseaux de chacun des grains à battre Quelques autres parties n'ont pas subi une augmentation si forte*, ajouta-t-il ; *mais l'une compensant l'autre, vous pouvez être très-sûr que l'estimation d'un cinquième pour l'accroissement général des frais d'exploitation en valeur réelle, est plutôt au-dessous qu'au-dessus.*

De son côté, *Le Coulteux* venait d'affirmer sept jours auparavant qu'il avait *fait le relevé de ce que gagnaient les ouvriers ; que le cordonnier qui gagnait 5 liv. en 1790, ne gagne pas aujourd'hui 250 liv.* (ce qui, en assignats, ne correspondait alors qu'à 1 liv. 15 s.) & que *les mariniers & autres ouvriers du port, ceux qui gagnent les plus fortes journées, ne peuvent faire 350 liv. un jour dans l'autre* en assignats, (& *ils gagnaient en 1790, 6 à 9 liv. en espèces*). Il alla même bien plus loin : il posa en fait *que la classe des ouvriers plus pressée dans ses besoins prend à 20 pour 1, l'assignat que le Gouvernement passe au fournisseur à 120 pour 1.* Il a ensuite vanté leur économie, & s'est écrié : *Quelle plus grande économie que de ne boire souvent que de l'eau!*

Quoiqu'opposés en apparence, ces deux allégués n'ont rien de contradictoire ; car *Dupont* n'a parlé que du salaire des ouvriers de campagne, & *Le Coulteux* n'avait fait allusion qu'aux ouvriers de villes. En les supposant exacts, je ne découvre au premier apperçu qu'une seule manière de les expliquer. Si les salaires ont augmenté pour le travail des terres, ne serait-ce point parce qu'il y aurait infiniment moins de bras dans les campagnes, & que la dépopulation causée par la guerre aura frappé particulièrement sur la classe agricole ? Si, au contraire, le prix des travaux journaliers a été insensiblement réduit des $\frac{3}{4}$, ou même des $\frac{4}{5}$ dans les villes ; comment s'en rendre compte, à moins de supposer que le nombre des habitans assez aisés pour acheter des services est réduit des $\frac{4}{5}$? ou, ce qui n'est pas moins probable, que la classe des indigens, qui n'ont d'autre moyen de subsistance que leur travail journalier, s'est accrue des $\frac{4}{5}$ aux dépens des classes aisées. Peut-être aussi faudrait-il combiner ces deux causes.

S'il est vrai que les habitans des villes aient été les premiers auteurs de la Révolution Française, quelle source intarissable de gémissemens doit leur fournir ce retour sur eux-mêmes! Quoi! le tourbillon destructeur de cette révolution aurait tout nivelé, religions, rangs, réputations, propriétés, talens; & tandis que rien ne se ferait élevé que le prix du pain, les salaires du pauvre auraient baissé de 5 à 1 ! Le voilà donc le bienfait que les Français promettaient au Monde !

Peu de jours avant que *Le Coulteux* eut révélé cet épouvantable secret, *Benezech*, Ministre de l'Intérieur, avait adressé, le 6 Brumaire, aux Administrateurs des Départemens, une Lettre où il les invitait entr'autres avec naïveté, à l'ÉCLAIRER *sur les grands biens que le Peuple Français est en droit d'attendre de la Constitution Républicaine.*

Veulent-ils *l'éclairer* & *s'éclairer* eux-mêmes sur ses effets ? Qu'ils se réunissent tous pour vérifier s'il est vrai que les salaires du pauvre habitant des villes aient baissé des trois quarts ; & qu'alors ils lui demandent à lui-même comment la classe *pressée par les besoins* pourra traîner, sous le nouveau régime, une existence qui lui paraissait si déplorable sous l'ancien. Certes, si cette baisse effrayante des salaires est vraie & générale, *Le Coulteux*, qui l'a révélée, vient de lancer contre la Révolution Française l'anathême le plus foudroyant qu'on ait encore prononcé contre elle.

Après nous être si long-temps arrêté sur ce tableau de l'appauvrissement désastreux de la France, hâtons-nous d'en tirer la seule consolation qu'il présente. C'est que, comme cet appauvrissement doit mettre promptement un terme à la guerre, il est en même temps la plus sure des garanties que tout traité de paix sera maintenu & respecté par le Gouvernement Français actuel, ou par toute espèce de Gouvernement qui pourra lui succéder. Je me sentais d'autant plus impatient d'arriver à cette conséquence, que je trouve dans le *Tableau de l'Europe* une assertion qu'il m'importait sur-tout de détruire. L'auteur y affirme, p. 51, *que la paix ne pourrait être qu'une paix dérisoire, une paix évidemment funeste pour l'Angleterre, puisqu'une fois désarmée par une perfide transaction elle serait exposée à être prise au dépourvu, six mois après* (1).

---

(1) L'auteur a été plus loin; il a pris à son tour le ton prophétique :— *Quelques revers que le sort destinât à la France*, a-t-il dit, p. 124, *elle se relevrait tôt ou tard de ses ruines, & ferait payer chèrement le mal qu'on lui aurait fait, en profitant cruellement de ses désordres plutôt que de l'aider généreusement à en sortir.*

Je me plais à ranger cette assertion avec celles du même auteur, qui persiste toujours à envisager la Révolution Française comme devant faire le tour du monde, ou qui assure que *tant qu'elle restera de bout, elle menacera le monde entier. On n'éviterait pas même une combustion générale,* ajoute-t-il, *en s'arrêtant pour les conditions de la paix à l'in-statu-quo.* J'ai le bonheur de ne plus partager ce genre d'alarmes ; & je me tranquillise aujourd'hui sur l'infection de la Doctrine Française, en contemplant les calamités dont elle a inondé la France, & le nombre d'ennemis que ses apôtres lui ont fait au-dehors, par-tout où ils ont été la prêcher.

En vérité, en lisant l'écrit de M. de Calonne, on ne sait si c'est du commencement ou de la fin qu'on doit le plus s'étonner. Comment se persuader que ces deux parties soient de la même plume ? Après avoir affirmé que la France peut se suffire à elle-même, après avoir assuré qu'il lui restait encore environ trois fois plus de numéraire que toute la Grande-Bretagne n'en possède aujourd'hui, après avoir développé que la République peut soutenir ses assignats ou y suppléer par *quelque expédient semblable* ; enfin, après avoir déployé les immenses ressources qu'elle peut trouver dans le *mouvement Révolutionnaire,* dans son *énergie naturelle exaltée par le fanatisme, & dans son fanatisme redoublé par la calamité même,* l'auteur de ce tableau effrayant va sans doute en tirer le même conseil qu'en avait tiré l'auteur des *Réflexions sur la Paix :* on s'attendrait peut-être qu'il invitera les Puissances Coalisées à *ne point s'épuiser dans une lutte rétrograde,* & qu'il les sollicitera de faire la paix à tout prix......Rien de pareil. Il les conjure, au contraire, de continuer cette guerre à tout prix—parce que, dit-il, *vû l'incompatibilité de la Démocratie Française avec le repos de l'Europe, toute négociation ne conduirait qu'à une fausse sécurité ;* parce que, *tant que la France n'aura pas un Gouvernement stable & compatible avec le repos des Nations, il est évident que tout ce qui serait conclu avec un Gouvernement chimérique & impraticable n'aurait, comme lui, qu'une existence passagère & momentanée ;*—parce que, *jusqu'à ce qu'il soit renversé, il n'y aura pas de Gouvernement stable en France, il n'y aura pas de paix en Europe ;*—enfin, & sur toutes choses, parce que les Souverains ne sauraient

S

trop se pénétrer, que L'ESPRIT RÉPUBLICAIN RENFERME ESSENTIELLEMENT LA HAINE DES ROIS.

M. de Calonne est-il curieux de savoir ce à quoi l'on s'expose en affichant si imprudemment la dernière de ces maximes? qu'il ette les yeux sur l'écrit qu'un étranger vient de publier à Paris, & dont l'extrait se trouve dans le Moniteur du 3 Décembre. Cet écrivain affirme de son côté *qu'il faut que l'Angleterre devienne République, pour que la France puisse être sure d'elle, ou que la France redevienne Monarchie pour que l'Angleterre soit en sureté.* En conséquence, il exhorte formellement les Français, par le sentiment de *leur propre conservation, à continuer la guerre* jusqu'à ce que la Grande-Bretagne puisse être leur *amie*, c'est-à-dire Républicanisée.

Que de pareilles absurdités se débitent encore en France, je m'en étonne peu; & j'ose croire que ses malheureux habitans sont suffisamment revenus de leur premier vertige, pour les apprécier aujourd'hui à leur juste valeur: mais ne serait-ce point travailler à les y replonger de nouveau, que d'en prêcher publiquement la contrepartie à leurs adversaires? Quel est l'ami de la paix & de *l'équilibre Européen*, qui pourrait ne pas s'alarmer en voyant qu'un Français essaie à son tour de représenter la Coalition comme une propagande armée de Royalisme, qu'il tente de faire de cette guerre une croisade politique d'opinions, & qu'il s'attache à persuader à la Nation Anglaise qu'il est encore plus important pour elle de faire abandonner aux Français leurs principes que leurs conquêtes? Lorsque l'Administration de cette Ile vient de désavouer d'une manière solemnelle ces dangereuses insinuations, lorsqu'elle vient de rallier le peuple autour de l'étendard de la guerre, en lui rappelant que c'est pour l'Europe une guerre d'équilibre, bien plus encore qu'une guerre d'opinions politiques de Gouvernement à Gouvernement; représenter cette grande cause Européenne comme une querelle de parti, n'est-ce pas affaiblir gratuitement le grand intérêt que prennent aujourd'hui les Anglais à arracher à la France toutes les conquêtes qu'elle a faites sur leurs Alliés? Le premier des deux auteurs que j'ai réfuté, (celui des *Réflexions sur la Paix*), a eu le plus grand soin, en plaidant la cause des Français, de leur montrer la chimère de vouloir ébranler les Gouvernemens différens du leur. Et voilà M. de Calonne, qui, en plaidant la cause des Alliés, s'appuie principalement sur ce que *l'esprit Républicain renferme essentiellement la haine des Rois.* Je ne sais trop ce qu'on dira en Amérique, en Suisse, & sur-tout à Venise, en voyant publier cet argument comme la devise qu'on devrait inscrire aujourd'hui sur les étendards de la Coalition ; mais je soupçonne qu'il y a telle ville de ce dernier Etat, où, en lisant & comparant les deux écrits que j'ai réfutés, plus d'un partisan éclairé de la Coalition sera tenté de s'écrier :

Mieux vaut un sage ennemi,
Qu'un imprudent ami.

M. de Calonne aurait couru, ce me semble, moins de risques de nuire à la cause qu'il voulait défendre, si, au lieu de se perdre en déclamations imprudentes contre les Républiques en général, il eût particularisé la question où s'il s'en fut tenu à la poser ainsi.

S'il paraissait jamais au milieu de la société Européenne, une Monarchie quelconque, qui conçût & affichât le dessein de renverser tous les Gouvernemens Républicains ; le droit des Nations n'autoriserait-il pas toutes les Républiques menacées, à former une croisade destinée à écraser cette Monarchie, & à renverser le Gouvernement à côté duquel aucune République ne pourrait exister en paix ?

De même, s'il s'élevait, dans le centre de l'Europe, une République, qui, dès sa naissance, eût formé le projet de disséminer au dehors tous les principes d'insubordination qu'elle aurait réussi à faire triompher dans son propre domaine ; si elle aspirait ouvertement à consolider le renversement de son trône, en renversant tous les trônes de ses anciens alliés ; si cette République avait créé une société chargée de propager ce projet subversif, & d'aller le prêcher aux autres peuples ; enfin, si elle avait tenté d'y ajouter la force des armes, & qu'elle eût attaqué la plupart de ses voisins pour réunir leurs Etats aux siens, ou pour les républicaniser à sa manière ; le droit des nations n'autoriserait-il pas ces mêmes voisins à se confédérer pour la défense de leurs formes respectives de Gouvernement? Et ne seront ils pas justifiés, s'ils dirigent leurs efforts réunis, non-seulement vers l'objet de vaincre ou d'épuiser cette République hostile, mais encore vers le grand objet de renverser ce Gouvernement subversif, intolérant & propagateur, & d'amener les auteurs de cette propagande & de cette guerre au juste châtiment de tous leurs autres crimes?

Je ne saurais balancer à prononcer pour l'affirmative dans les deux cas : j'ajoute même que l'intérêt d'une pareille Confédération lui fait un devoir sacré de poursuivre ce grand but, si elle peut l'atteindre : mais j'observe en même temps que ce devoir trouve ses bornes dans celles du possible. En effet, si, après avoir accumulé pour le remplir, les plus grands sacrifices, la Coalition qui aspirait à venger l'ordre social venait à acquérir la preuve que, loin d'ébranler les usurpateurs sur leur trône, la guerre les y affermit, & qu'elle leur fournit un prétexte de multiplier leurs forfaits—si, dis-je, après avoir tendu, à la nation qu'ils oppriment, tous les secours nécessaires pour briser ses fers, on la voit courber de plus en plus sa tête sous les tyrans qui l'enchaînent; ou je suis fort trompé, ou les Etats restés fidèles à la cause sociale, peuvent s'envisager comme acquittés envers l'espèce humaine, & remettre à l'Arbitre suprême des événemens le châtiment futur des usurpateurs. Or, comme il leur serait impossible en pareil cas de cesser l'état de guerre à moins de quelque traité, la morale politique les autorise pleinement à ne plus envisager que leurs intérêts particuliers, soit dans la poursuite d'une pareille guerre, soit dans les négociations de paix nécessaires pour la terminer. Ainsi, par exemple, quand l'Angleterre aura réussi à mettre l'Europe à l'abri des projets subversifs des Français ; lorsque leurs principes révolutionnaires auront été étouffés sur ce continent, nous ne pouvons pas oublier que la Convention en a transplanté le germe désastreux jusques dans l'Archipel de l'Amérique, & que toutes les possessions de la Grande-Bretagne y seront dans un danger éminent, aussi longtemps que le systême de l'*égalité* n'y sera pas radicalement détruit. D'où il résulte que, par le sentiment de sa sûreté, bien plus que par aucune passion de conquêtes, l'Angleterre ne peut mettre bas les armes avec quelque confiance, que lorsqu'elle se sera emparée de tous les points qui peuvent communiquer l'incendie à ses propres domaines, ou du moins, lorsque les Français se seront engagés à éteindre cet incendie, & qu'ils pourront prouver qu'ils en ont non-seulement la volonté, mais les moyens.

Mais à quoi bon agiter, en ce moment, toutes ces questions oiseuses, à l'occasion d'une guerre qu'il faut continuer malgré soi par le plus impérieux des motifs, celui d'arracher aux Français leurs conquêtes? N'est-il-pas suffisant de démontrer que si on les leur abandonnait, elles deviendraient une source féconde de nouvelles guerres non moins sanglantes que celle-ci, & qu'elles placeraient infailliblement les Etats qui les auraient cédées, non-seulement à la discrétion d'un Gouvernement de Régicides, mais d'un Gouvernement de conquérans?

This Day is published, Price 4s.

BY THE SAME AUTHOR,

REFLECTIONS ON THE WAR;

ON THE FINANCES OF THE FRENCH, ON THEIR PRESENT SYSTEM OF GOVERNMENT, THEIR VIEWS OF AGGRANDIZEMENT, &c. &c.

Being the Second Edition, considerably enlarged.

25 JANUARY, 1796.

Printed for P. ELMSLEY, Strand; J. DEBRETT, Picadilly; J. EDWARDS, Pall-Mall; J. DE BOFFE, Gerard-Street, Soho; J. SEWELL, Cornhill; and VERNOR and HOOD, Birchin-Lane.

Where may be had, by the same Author, Price 7s.

1. *Des Révolutions de France & de Genève,*

In one Volume Octavo, October 1795.

2. The Second English Edition of the *Short Account of the late Revolution in Geneva*, Price 1s.

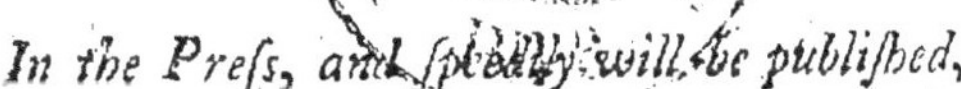

In the Press, and speedily will be published,

An English Translation of the *State of the Finances and Resources of the French Republic, to the first of January*, 1796.

www.ingramcontent.com/pod-product-compliance
Ingram Content Group UK Ltd.
Pitfield, Milton Keynes, MK11 3LW, UK
UKHW021039230726
13926UKWH00004B/1558